2021年

上海市区办高校
教育质量年度报告

张东平　主编

同济大学出版社
TONGJI UNIVERSITY PRESS

图书在版编目(CIP)数据

2021年上海市区办高校教育质量年度报告 / 张东平主编. —上海：同济大学出版社，2021.11
ISBN 978-7-5608-9962-6

Ⅰ. ①2… Ⅱ. ①张… Ⅲ. ①成人高等教育—教育质量—研究报告—上海—2021 Ⅳ. ①G729.21

中国版本图书馆 CIP 数据核字(2021)第213330号

2021年上海市区办高校教育质量年度报告
主编 张东平
责任编辑 吴凤萍 **助理编辑** 常紫寒 **责任校对** 徐春莲 **封面设计** 潘向蓁

出版发行 同济大学出版社 www.tongjipress.com.cn
(地址:上海市四平路1239号 邮编:200092 电话:021-65985622)
经 销 全国各地新华书店
排版制作 南京文脉图文设计制作有限公司
印 刷 江苏句容排印厂
开 本 787 mm×1092 mm 1/16
印 张 8.5
字 数 212 000
版 次 2021年11月第1版 2021年11月第1次印刷
书 号 ISBN 978-7-5608-9962-6
定 价 38.00元

前　言

2020年10月，党的十九届五中全会在北京举行。习近平总书记受中央政治局委托作工作报告，全会通过了《中共中央关于制定国民经济和社会发展第十四个五年规划和二〇三五年远景目标的建议》（以下简称《建议》）。习近平就《建议》（讨论稿）向全会作了说明。这次会议对区办高校的教育教学工作产生深远的影响。

2020年是新冠肺炎疫情肆虐全球的一年。这次新冠肺炎疫情，是新中国成立以来在我国发生的传播速度最快、感染范围最广、防控难度最大的一次重大突发公共卫生事件。

这一年，在上海市教委统一领导下，各校采取了网络直播课堂的方式，推进学校教学的有序、有效开展；这一年，各校采取网上考试的方式，以保障教育教学质量；这一年，区办高校开展“网上直播课堂与区办高校教育教学改革研究”论文征集活动，调动教师参与网课探讨的积极性；这一年，市经信委发布《上海市促进在线新经济发展行动方案（2020—2022年）》，为各校的教育教学改革指明了方向；这一年区办高校以“新冠肺炎疫情下线上线下混合教学探索”为主题举行教学工作会议，及时总结经验。这些都为《2021年上海市区办高校教育质量年度报告》的撰写提供了丰富多彩的素材。《2021年上海市区办高校教育质量年度报告》是区办高校校长联席会在上海市教委的领导下，组织编写的第七本教育质量年度报告。

疫情期间，在线新经济呈现出蓬勃兴起的态势。在线新经济是借助人工智能、5G、互联网、大数据和区块链等智能交互技术与现代生产制造、商务金融、文娱消费、教育健康和流通出行等深度融合，具有在线、智能和交互特征的新业态新模式。在线新经济是时代的产物、社会的需求和人民的期盼，对区办高校的教育教学办学模式、教育教学质量提高和教育质量年报的撰写产生积极、全面和深刻的影响，一个整体性转变、全方位赋能，革命性重塑的任务正展示在我们面前。

一、在线新经济要求提高专业建设的质量

在疫情背景下，区办高校依然需把专业建设的质量提升放在教育教学改革的重要地位。专业是区办高校推向社会的教育产品，它必须顺应社会潮流，适应社会需求，满足社会期待，推进社会发展。

在线经济的兴起，是区办高校面临的巨大挑战和难逢的机遇。区办高校要抓住契机，确定目标，深入实际，广泛调研，谋取突破，推出新专业。要制定新专业的培养方案，确定专业的人才培养目标定位和职业岗位及职业岗位群，确定专业的实用教育教学内容，建立适度够用的理论教学体系和实践教学体系，培养具有开拓创新和求真务实精神的双师型师资队伍，制定专业的实训基地建设方案，从而完成新专业的申报准备和开设的前期工作。

新专业的开设和建设，可以在学校原有专业的基础上，选择某些发展方向，逐步扩展办学规模，最后完成新专业的开设。

新专业的开拓和建设是区办高校生命活力所系，是服务社会的根本所在，区办高校的历史证明了这一点，区办高校的未来发展也还将证明这一点。

二、在线新经济要求提高教学内容的质量

《上海市促进在线新经济发展行动方案（2020—2022 年）》明确了四个“100+”行动目标。到 2022 年，将上海打造成具有国际影响力、国内领先的在线新经济发展高地。

新的工作场景和新的生活模式要求区办高校现有的学历教育、培训教育、社区教育、老年教育的教育内容要及时更新，这种更新是对原有陈旧教学内容的修改、补充、更换、创新，以全新品质的教学内容反馈服务社会。

在线新经济的发展催生教育市场对象的重新分化和整合。区办高校面临着一个对教育服务市场重新进行细分的重大任务。区办高校要把握教育市场对象的性别、年龄、文化、职业、经济情况以及其对在线新经济的适应性特征，进行教育市场对象的重新细分，从而为各级各类教育确定新的目标市场。这里特别要关注新的目标市场的萌生和发展，创新应对、精准施策、满足需求、提供服务。还要特别关注各细分市场特征的差异性，对不同的目标对象制定不同的教育教学方案。

教育内容是教育活动最根本的所在，提高教育内容质量是教育教学改革的最重大任务之一。在迎接在线新经济的大潮中，随着教育服务市场的重新细分和目标市场的重新确定，区办高校的教育教学内容需要进行全面的更新，是刻不容缓的紧迫任务。

三、在线新经济要求提高教师队伍的质量

在线新经济的发展呼唤区办高校教师队伍质量的全面提升。区办高校目前面对这样一个严峻事实：无论是哪一个专业领域，我们教师的知识、技术、技能都面临着落伍的危险。一个学习新知识、新技术、新技能的任务正摆在我们面前。区办高校的各级领导如果不能发现问题、分析问题和解决问题，那将犯历史性的错误。

区办高校要制定在线新经济背景下教师知识更新规划和实施方案，提出在线新经济背景下数字化技能培训达标标准体系和考核要求，完善在线新经济背景下教师走出去、请进来的培训计划。

四、在线新经济要求提高教学支撑的质量

目前，区办高校一般都设有信息中心等教育教学服务支撑机构，但都存在人员层面、技术层面、资金层面、协调层面的短板和不足，与疫情时期教育教学新常态不相适应，亟需各级领导提高站位，靠前指导，压实责任。要特别重视学生实践性活动的支撑服务，精心组织、精准服务、精细到位。还要采取有效措施保障直播课堂、云视会议、视频展示等大型、有影响的活动高质量开展。

五、在线新经济要求提高质量年报的质量

在在线新经济发展的背景下，区办高校教育质量年报要有新的面貌，要向社会报告区办高校开展在线教育教学的崭新成果。

区办高校的领导要站在把握全局发展的高度，组织质量年报分管校长和撰写人员开展广泛的学校调查，发掘亮点，总结试点，撰写质量年报的新篇章。各校的撰写活动不应该是被动形式的文字直录，而应融入在线新经济背景下的学校教育教学改革的整体性工作之中，特别要融入具有创新性、探索性、多样性、特色性的改革活动之中，从而为质量年报撷取富有时代发展特色、成人高等教育特点和社区性教育特征的鲜活素材，提升质量年报的撰写质量，推动学校教育教学改革的新发展。

2021 年的质量年报是在疫情形势仍然十分严峻的背景下编写和出版的。校长联席会的成员、各校的分管校长、负责撰写的相关人员、校长联席会聘请的专家岑詠霆教授都付出了辛劳，在此一并致谢！这里，我们还要特别感谢同济大学出版社的编辑！正是他们热情的支持、帮助和指导，才使这本质量年报得以顺利出版。

当我们提笔撰写这本质量年报之时，我们已经在以习近平总书记为核心的党中央领导下豪迈地跨进了伟大的2021年，开启了十四五规划的新征程。愿区办高校在新的历史时期，面对新形势、新目标和新要求，笑迎挑战，不失机遇，科学引领、创新突破，去夺取新的胜利，开创新的局面！

上海市区办高校校长联席会负责人
上海市长宁区业余大学校长
张东平

2021 年 6 月

CONTENTS | 目录

2021年上海市区办高校教育质量年度报告

各校年度报告

2021 年上海市区办高校

教育质量年度报告

2021 年上海市区办高校教育质量年度报告

2020 年 10 月 26 日至 29 日，党的十九届五中全会在北京召开。全会听取和讨论了习近平总书记受中央政治局委托作的工作报告，审议通过《建议》。习近平总书记就《建议》(讨论稿）向全会作了说明。

2020 年是中国人民和世界人民难以忘怀的一年。这一年，新冠肺炎疫情在全球大流行，给人类的生命安全和身体健康带来了巨大的灾难，给全球的经济发展和社会运行产生了巨大的冲击。面对这一形势，中共中央总书记、国家主席、中央军委主席习近平亲自指挥、亲自部署抗击疫情的人民战争、总体战、阻击战，取得了战胜疫情和推动经济社会发展的战略性胜利。

2020 年区办高校就是在这样的形势下开展教育教学工作的。区办高校的教育工作者面对新形势，承担新任务，研究新问题，采取新对策，保证了教育教学质量的提升，取得了教育教学工作的新成绩。

一、区办高校教育发展背景

(一) 五中全会胜利举行

党的十九届五中全会为全党全国提出了十四五规划的建议，

描绘了2035年远景发展目标：2020年，决胜全面建成小康社会，实现第一个百年奋斗目标，开启全面建设社会主义现代化国家新征程；2020年到2035年，在全面建成小康社会的基础上，再奋斗15年，基本实现社会主义现代化；2035年到2050年，在基本实现现代化的基础上，再奋斗15年，把我国建设成富强民主文明和谐美丽的社会主义现代化强国。

《建议》指出，十三五规划期间“高等教育进入普及化阶段”，十四五期间“建设高质量教育体系。全面贯彻党的教育方针，坚持立德树人，加强师德师风建设，培养德智体美劳全面发展的社会主义建设者和接班人”。“提升教师教书育人能力素质，增强学生文明素养、社会责任意识、实践本领”，“提高高等教育质量”，“发挥线上教育优势，完善终身学习体系，建设学习型社会”。2035年建成“教育强国”。

这些阐述为区办高校的教育教学发展和改革指明了前进的根本方向。

（二）新冠疫情巨大挑战

面对新冠疫情巨大挑战，2020年1月25日农历正月初一，中共中央政治局常务委员会召开会议，专门听取了新型冠状病毒感染的肺炎疫情防控工作汇报，对疫情防控特别是患者治疗工作进行再研究、再部署、再动员。中共中央总书记习近平主持会议并发表重要讲话。

会议决定，党中央成立应对疫情工作领导小组，在中央政治局常务委员会领导下开展工作。党中央向湖北等疫情严重地区派出指导组，推动有关地方全面加强防控一线工作。

习近平总书记强调，生命重于泰山。疫情就是命令，防控就是责任。各级党委和政府必须按照党中央决策部署，全面动员，全面部署，全面加强工作，把人民群众生命安全和身体健康放在第一位，把疫情防控工作作为当前最重要的工作来抓。只要坚定信心、同舟共济、科学防治、精准施策，我们就一定能打赢疫情防控阻击战。

区办高校积极行动，坚决贯彻习近平总书记重要指示精神，根据上海市疫情防控工作要求和市教委关于“3月份起，本市大中小学开展线上教育，学生不到校”的工作部署，认真筹划，探索“线上教学”；自10月10日起部分学校开始恢复线下教学，采取线上线下混合教学的模式，为学员撑起疫情期间的一片教育蓝天。

（三）都有人生出彩机会

中国共产党上海市第十一届委员会第九次全体会议6月23日在世博中心举行。全会指出，要更加自觉地把“人民城市人民建，人民城市为人民”重要理念贯彻落实到上海城市发展全过程和城市工作各方面，把为人民谋幸福、让生活更美好作为鲜明主题，切实将人民城市建设的工作要求转化为紧紧依靠人民、不断造福人民、牢牢植根人民的务实行动。全会指出，要把握人民城市的根本属性，加快建设具有世界影响力的社会主义现代化国际大都市，努力打造人人都有人生出彩机会的城市，人人都能有序参与治理的城市，人人都能享有品质生活的城市，人人都能切实感受温度的城市，人人都能拥有归属认同的城市。全会指出，要把握人民城市的人本价值，更好满足人民群众对美好生活的向往。

在全会精神的指引下，区办高校决心以更高的站位，更宽的视野，更强的信念，更实的作风，更新的追求，打造富有人生出彩机会的城市、享有品质生活的城市、感受温度的城市、拥有归属认同的城市，办好人民满意的成人高等教育。

（四）新型经济快速发展

疫情期间，人们的生活方式发生了新变化，直播教学、远程办公、云端旅游等新的生活形态进入了人们的生活，人们逐步适应了新的生活习惯，新的生活方式已经出现常态化的趋势。这些变化推动了“在线新经济”的发展。面对这样的新增长点，上海市迅速作出反应，在市疫情防控工作领导小组新闻发布会上，市经信委发布了《上海市促进在线新经济发展行动方案（2020—2022年）》（以下简称《方案》）。

在线新经济是借助人工智能、5G、互联网、大数据、区块链等智能交互技术，与现代生产制造、商务金融、文娱消费、教育健康和流通出行等深度融合，具有在线、智能、交互特征的新业态模式。

《方案》明确：集聚“100+”创新型企业、推出“100+”应用场景、打造“100+”品牌产品、突破“100+”关键技术等行动目标；聚焦无人工厂、工业互联网、在线医疗等12大发展重点；实施智能交互核心技术攻关行动、新型基础设施支撑行动等6项专项行动；落实加大统筹协调、包容审慎监管、强化公共服务等5条保障措施。

《方案》提出的12个重点项目之一是在线教育，提出打造

“上海微校”“空中课堂”等在线教育品牌，建设“学分银行”，完善市民终身教育和数字化技能培养体系。

区办高校高度关注这一方案，认真学习，深入研讨。区办高校认为，在线新经济将对学校的教育教学改革产生重大的、深远的、深刻的影响。区办高校应该顺应时代潮流，在专业建设、队伍建设、制度建设、设施建设和设备建设的诸多方面，开展教育教学改革，张开双臂去迎接新时代的到来！

二、推进区办高校教育改革和发展的主要举措

（一）在线教学精准对接

为保证在线教学顺利开展，区办高校在原有网络教学的基础上，充分调用社会教育资源，充分发挥学校在线教学经验，积极加强在线教学技术支持，顺利推进了各类教育的在线教学活动，取得了积极的成效。

普陀区业余大学召开视频会议，研究部署在线教学的实施方案。精心组织、统筹协调，充分利用腾讯课堂、超星、易班、开大等在线教学平台，全面实施在线教学，力求最大限度减少疫情对教学工作的影响，最大程度保障教学质量。

对各类教学，教务处第一时间梳理教学计划，根据不同教学要求，及时调整当学期的课程安排，制定教学及管理工作实施预案，发布《2020 学年第 1 学期教师教学工作提示》《在线直播课程安排表》《在线直播授课说明》和《告全体同学书》等一系列文本，告知直播课程的具体安排与要求，提醒直播课堂的注意事项，制定“在线教务值班工作流程”，强化对在线

教学的监控和管理，确保及时收集、统计在线教学的各项过程性数据。

信息中心及时制作并发布了腾讯会议、腾讯课堂的安装和操作指南，并提供实时在线指导，组织全体教师提前做好测试，确保教师及管理人员在短时间内掌握各项在线教学及管理的技术和方法，在技术层面为在线教学的全面实施打下扎实基础。

全体教师参加了为期五天，由上海市教师专业发展工程领导小组办公室组织开展的“教师在线能力提升专题培训”，学习有关直播软件的使用方法，并针对在线教学的特点，及时对授课计划和教学内容做出相应调整，积极优化和完善教学课件的网络呈现效果。

班主任也迅速行动起来，依托班级微信群，及时发布各项教学通知和公告，确保落实到每一位学员。他们还耐心地为学员解答在线学习的各种疑问，帮助学员比较顺利地进入在线学习状态。

（二）在线教学强化督导

为了保证在线教学的教育教学质量，各区办高校充分发挥教育教学质量保障部门的作用，强化督导。

长宁区业余大学根据上级教育部门关于应对疫情期间在线教学组织与管理工作的指导意见以及本校《在线教学组织与管理工作方案》要求，遵照“停课不停教，停课不停学”的原则，为进一步加强在线教学期间教学质量监控与督导工作，结合学校实际，开展在线教学质量保障活动。

学校制定的工作目标是通过在线教学质量监控与督导工作，

保障在线教学秩序平稳有序，督促在线教学管理不断规范，最大限度保证在线学习与线下课堂教学质量实质等效，教学环节不缺失，质量要求不降低。

学校确定了全面的工作内容：检查教学处是否严格按照学校要求确立开课计划，实验课和实践教学环节调整是否科学合理，是否具有可操作性，能否保证教学质量；检查任课教师是否按学校在线教学规定完成各项教学准备工作，包括腾讯教学软件的使用、课程资源（课程教案、教学课件、学生自主学习资料、课后作业）的准备等；检查任课教师是否在教学平台上创建课程、班级，是否在指定时间之前通过课程平台与学生测试软件使用，并将相关课程资源上传至教学平台，对于可能出现的网络问题，任课教师是否有备选方案；检查任课教师是否严格执行在线教学安排，是否改变现有上课班级设置，是否利用在线资源代替教师的教学活动，授课过程中出现网络障碍，是否及时转到备选平台继续组织教学；检查任课教师是否根据在线教学需要，至少提前2天将相关教学资料（包括PPT、教学视频、电子教材等）上传至相关教学平台。检查任课教师是否实施有效的在线教学组织管理，是否保证在线教学时间和教学过程完整，教学内容充实，是否在班主任协助下督促学生积极参与在线教学，是否提前布置学生自学任务，是否与在线教学结合及时布置作业及思考题，是否及时进行在线辅导与答疑，是否及时开展在线教学反馈；检查任课教师是否充分利用在线平台提供的统计汇总与分析功能，及时收集学生对教学的意见和建议，是否做到因材施教，对个别学生进行个性化学习指导。

（三）在线教学深化调研

区办高校为了确保在线教学质量，广泛开展调查研究，为在线教学提供来自第一线的科学依据。

黄浦区业余大学技能培训中心开展了卓有成效的调研工作。中心在实施教学过程中对学员进行了腾讯问卷调查，班主任通过网络发放了54份问卷，收回54份。调查表明：98.1%的学员能满足网络和硬件条件，能够保证在线听课；46.4%的学员喜欢通过在线直播课堂进行学习；52%的学员会全程听课；40%左右的学员反映学习效果不比线下教学差；80%左右的学员能认可教师的讲课速度和方式方法；77%的学员对教师的授课内容感兴趣；作业与测验环节有近三分之一的学员觉得在直播教学中较方便。

调查也反映了在线直播教学中存在不足。如教师现场指导不够、平台模块设计不够完善、某些时间段网速慢等问题。有学员提出：希望直播互动部分教师重心放在课程的重点难点上，有利于学员课后消化；希望每天上课时间以1.5小时为好，时间太久引起视觉疲劳，效果不佳，等等。

调查结果表明，在线教学已经正常地开展，整体发展是健康的，但存在一些不足，要求学校在实施过程中采取有效举措改进，以保证教学质量。

（四）在线教学推进教研

网络直播课堂的实施，推进了学校教学有序、有效的开展，这一活动不但成为疫情期间各校教育教学的载体，同时对疫情常态化期间区办高校的教育教学改革将产生重要的、深刻的、长远的影响。

为了交流各校的经验，深入推进区办高校的教育教学改革，满足社会对区办高校的教育教学需求，提高区办高校在线教育教学质量，区办高校开展“在线直播课堂与区办高校教育教学改革研究”论文征集活动。要求的研究内容包括：1. 各校疫情期间开展在线直播课堂教学的调查研究。2. 在线直播课堂教学在区办高校教育教学中的地位、作用研究。3. 在线直播课堂教学的特征、特点、特性研究。4. 在线直播课堂教学方案研究。5. 在线直播课堂教学组织研究。6. 在线直播课堂教学过程研究。7. 在线直播课堂教学成效研究。8. 在线直播课堂教学评价研究。9. 在线直播课堂教学技术研究。10. 在线直播课堂和线下现场教学融合途径研究。11. 在线直播课堂和线下现场教学优势比较研究。12. 在线直播课堂和线下现场教学接受程度研究。13. 在线直播课堂和线下现场教学学生评价研究。14. 在线直播课堂和线下现场教学督导活动研究。15. 在线直播课堂和线下现场教学结合对教育教学成效的影响研究，等等。

（五）混合教学开展交流

2020 年 12 月 10 日，区办高校召开 2020 年下半年教学工作视频会议，会议主题为“新冠肺炎疫情下线上线下混合教学的探索交流”。会议以视频会议形式进行，在行健学院设立中心会场，各业余大学设立分会场。出席会议的人员有各校校长、分管教学副校长、分管招生副校长、教务主任、招办主任、各系及各专业主任、信息中心主任、教师、校长联席会顾问、专家、区办高校学科中心组长、专业协作组组长和联教办工作人员。会议编印了《区办高校2020年下半年教学工作视频会议交流发言汇编（新冠肺炎疫情下线上线下混合教学的探索交流）》。

校长联席会负责人、长宁区业余大学校长张东平讲话指出，如此广度深度地开展在线直播教学，这在区办高校的发展历史上还是第一次，具有探索性。

张东平指出，混合教学将成为成人教育常规模式。所谓“混合”，就是指线上线下两种教学形式的组合应用。两种教学形式应该特色共存，优势互补，取长补短，相得益彰。这种教学模式对于成人教育学员的学习具有天然的融合性、适应性、实用性、可行性。成人教育工作者应该把“混合教学”作为一种教学理念来理解、认识、把握、树立，作为成人教育工作的一种指导原则，以此来改革整个成人教育的教育教学模式。

混合教学要求教育教学内容和形式的统一。这就给每一位成人教育的教师提出了一个重新认识、理解、把握教材、教学内容和重新备课的任务。教师要探索在线教学教案的特点、特征、特色，编写出适合线上教学的与线下教学教案有明显差异的教案。这是一个艰巨但又不能不完成的任务。

在混合教学教育教学质量保障机制这方面，目前还存在着开展教育教学科研的空白，学校的管理部门、教学部门、科研部门应该开展认真的科学研究。研究的重点是建立在线教学评价的质量指标体系，这里要讲究指标的科学性、可行性。在线上教学中，如何充分发挥网络技术优势，强化在线教学的质量监控，是一个现实的、紧迫的任务，应该引起在线教学技术部门的重视。

混合教学要求强化思政教育引领学习自觉。在线教学的思政课程和课程思政阵地不能放松只能加强。同时思政课程和课程思政有力展开必将提升学员的整体思想政治素质，为学员学习质量提高提供思想政治保障。

混合教学要求学校提供有力技术支持。混合教学要求学校提供高质量、高水平、高效率的网络设施和技术力量。这方面各校已经有了较好的基础，很好地完成了目前的教育教学服务任务。但从更高的要求来看，网络设施有的容量不足、有的速度过低、有的缺乏直播教室和相应设备，还需要学校加大投入。特别需要指出的是，有一些教师，特别是非信息技术专业背景的教师，信息技术水平还不适应在线教学，需要学校有计划地组织培训，以适应混合教学的全面展开。

杨浦区业余大学在“与学生一起进步——新冠疫情期间在线直播教学的体悟与思考”的发言中指出，在线直播教学，要加强与学生的互动，不能只是对着课件读。可以采取多样方式和教学手段和学生互动，进行提问、讨论，及时了解学生对知识的掌握情况。互动可以是文字的，也可以是语言的，因为在线直播课学生注意力不容易集中，所以，对于一些重要的知识点，一些难点，要不厌其烦地从不同角度重复。进行网络直播课的教学，还要了解每个学生之间的差异，注重个性化教学。有的学生理解很快，有的学生理解稍微慢一点，那么教师要尽可能地跟学生交流，利用网络教学的优势，及时了解每个同学掌握知识的情况，进行不同的启发，用不同的方法帮助学生了解知识点。

宝山区业余大学在“基于认知设计的成人高校课程在线教育的研究与设计”发言中指出，首次开展大规模在线教学，给教师的教学方式和教学组织管理都带来巨大的挑战和严峻的考验，也给未来的教育开辟了更多在线教育的可能性和必要性。在两个学期在线教学的教学实践中，学校的教师也在不断研究，探索在线教学的理论和技术，组织了学习、交流，力求优化在线教学设计，提高学生的学习兴趣和创造力，设计满足学生个性化学习需求的教学环境。发言针对在线教育过程存在的问题，通过对认知设计理念中成人学生学习特征的分析以及混合式教学法的研究，在现有技术背景下，以《计算机应用基础》课程为例，提出了成人高校的在线教学实施方案，以优化教学效果为目标，为教师提高学生的学习主动性、培养学生创新能力提供可操作的教学指导。

三、区办高校教育教学基本情况

（一）区办高校学历教育基本情况

区办高校在新冠疫情的严峻形势下，仍积极扩大招生规模，取得了良好的办学成绩。据2020年统计（见表1）：

业余大学大专学生数为6 146人，与普通高校合作办学的专升本学生数为156人。大专的专业数为73个，仍然保持了一定的办学规模。

同时，业余大学作为上海开放大学的分校，大专学生数为4 294人，本、专升本学生数为5 027人，成为上海开放大学的最重要的办学支撑。

另外，业余大学与其他办学机构联合举办学历教育的学生数为798人。

总计学生数为16 494人。

表1 上海市区办业余大学办学规模一览表

学校	业余大学			开放大学		联合办学学生数
	大专学生数	专升本学生数	大专专业数	大专学生数	本、专升本学生数	
长宁	1 026	0	14	948	754	0
行健	332	0	4	4	6	49
宝山	153	52	2	265	294	0
杨浦	545	0	4	514	967	480
虹口	245	0	2	213	226	0
徐汇	838	0	18	632	965	161
黄浦	1 027	0	7	1 086	905	81
普陀	940	104	10	410	477	27
静安	1 040	0	12	222	433	0
合计	6 146	156	73	4 294	5 027	798
总计（学生数）	16 494					

（二）区办高校非学历教育基本情况

区办业余大学在继续办好学历教育的同时，转型发展，积极开展职业培训、社区教育、老年教育活动。据2020年统计（见表2）：

社区学院学员数为459 094人，老年大学学员数为28 201人，职业培训学员数为21 855人，其他多元服务及培训人数为22 178人。总计达531 328人，达到了与区域社会经济发展相适应的规模。

表2 上海市区办业余大学非学历教育办学规模一览表

学校	社区学院（人数）	老年大学（人数）	职业培训（人数）	多元服务及培训（人数）
长宁	6 028	0	6 732	7 202
行健	0	0	517	2 850
宝山	50 000	6 250	0	0
杨浦	5 010	0	1 998	0
虹口	197 029	5 768	0	5 277
徐汇	31 952	5 652	0	3 000
黄浦	140 235	7 710	5 052	0
普陀	590	742	6 885	1 428
静安	28 250	2 079	671	2 421
合计	459 094	28 201	21 855	22 178
总计	531 328			

（三）区办高校教师队伍建设基本情况

区办高校师资队伍继续积极发展，取得了明显的成效。据2020年统计（见表3）：

专职教师625人。其中教授、副教授139人，占22.2%；讲师334人，占53.4%；其他152人，占24.4%。

兼职教师383人。其中教授、副教授95人，占24.8%；讲师147人，占38.4%；其他141人，占36.8%。

教育教学志愿者326人。其中，教授、副教授62人，占19.0%；讲师73人，占22.4%；其他191人，占58.6%。

表3 上海市区办业余大学师资队伍一览表

学校	专职教师（人）				兼职教师（人）				教育教学志愿者（人）			
	教授	副教授	讲师	其他	教授	副教授	讲师	其他	教授	副教授	讲师	其他
长宁	1	12	36	9	0	2	6	5	0	0	0	0
行健	2	38	76	52	0	55	26	3	0	6	20	12
宝山	0	12	30	8	0	0	5	0	0	0	0	09
杨浦	0	8	17	10	0	4	11	8	0	8	17	27
虹口	0	9	31	9	0	1	4	0	0	0	0	0
徐汇	0	17	21	18	2	15	38	105	0	0	0	116
黄浦	0	17	44	4	2	2	5	0	0	48	36	27
普陀	1	15	33	9	1	2	8	4	0	0	0	0
静安	1	6	46	33	3	6	44	16	0	0	0	0
合计	5	134	334	152	8	87	147	141	0	62	73	191
总计	625				383				326			

（四）区办高校教育设施基本情况

区办高校在教育资源方面，2020年统计数据如下（见表4）：占地面积为244 012平方米；建筑面积为267 808平方米；固定资产为73 048万元；图书为95.74万册。

表4　上海市区办业余大学教育资源一览表

学校	占地面积（平方米）	建筑面积（平方米）	固定资产（万元）	图书（万册）
长宁	23 581	35 732	8 257.10	3.40
行健	113 186	91 137	37 106.95	44.68
宝山	25 529	28 912	7 383.41	5.14
杨浦	24 629	21 133	2 100.54	6.27
虹口	21 730	29 795	2 516.15	9.60
徐汇	8 583	13 741	3 833.70	6.10
黄浦	13 230	30 272	5 764.70	7.27
普陀	13 544	17 086	6 085.20	6.06
静安	8 071	11 987	9 293.60	7.22
合计	244 012	267 808	73 048	95.74

四、区办高校教育教学工作取得的主要进展

（一）直播课堂的备课质量普遍较好

直播课堂教学的开展，既给区办高校教师的教学带来了严峻的挑战，同时又为教师充分居家备课、潜心研究提供了新的空间和时间，为备课质量的提高带来了契机。

有的教师在直播教学中，借鉴于漪老师“三次备课”法背后的逻辑机理，形成直播教学的“三次备课”，为直播教学的顺利开展奠定基础。

第一次备课：精简内容，突出重点，原有教案“再回炉”。相对于面授教学而言，基于直播课程学习的性质，教学时长变化最大，如何在只占课堂教学三分之一的教学时间内完成所有的教学内容是每个老师需要深度思索的重点。此次备课有必要将课堂上所要讲的话写下来，先自己确认是否已经将原理和概念讲清楚了，同时精简修改原有的授课 PPT。

第二次备课：借鉴模仿，学做“主播”，教学艺术“再回炉”。这次备课除了要总结上课过程中的不足，修改讲课稿外，还要加强直播技术的学习，掌握“主播”直播要领，通过观看普通高校直播教学或者跨领域的行业直播视频，学习借鉴其中有益的经验，运用到教学设计中。

第三次备课：反思总结，积累经验，教学设计“再回炉”。教学后需要反思，备课也不例外。教师通过对自己的备课活动进行回观自照，及时发现问题，查找原因，改进完善。“千金难买回头看”，对于直播教学，需要在课后进行反思，需要边做边学，边学边改。

（二）师资队伍的建设质量获得新提高

普陀区业余大学自 2018 年起建立推行首席教师制度，首席教师是指经过一定评选程序，主要从具有高级职称的教师中产生的，能够履行以下四个方面首席职责的教师：专业成长中的“首席”职责、团队建设中的“首席”职责、校本研修中的“首席”职责和工作拓展中的“首席”职责。具体要求是：1. 完成规定任务。在规定的任期内至少带教一名中青年教师，帮助其在教育教学和课题研究等方面取得公认的成绩；每年至少承担或参与一项校级及以上课题；每年至少在区级及以上的杂志发表一篇论文；每年至少开设一堂校级公开课或一次专题讲座。2. 发挥示范引领作用。围绕学校发展目标，主动承担并高质量完成学校安排的任务，并在特色专业打造、品牌课程建设、课堂教学改革、信息技术推进、学术课题研究、工作领域拓展、年轻教师培养等诸方面积极发挥作用，取得显著成效。

学校出台了《普陀区业余大学关于开展首席教师评选与管理的办法》，从评选原则、参评对象、评选条件、评选程序、工作职责、津贴与奖励等方面对首席教师选聘做了具体规定。经自主申报、专家评审等程序，18 名教师入选首届首席教师。2019 年年底，学校制订《普陀区业余大学首席教师绩效考核办法》，从考核原则、考核内容、考核程序、考核方法和结果运用等方面对首席教师的任期考核进行规范。经自我评价、专家考核、群众测评等环节，18 名首席教师通过了考评，其中 3 名教师获评优秀。疫情期间，学校坚持不懈开展首席教师评选工作，第二届首席教师脱颖而出。

实践显示，首席教师制度创新了教师专业发展模式，强化了团队合作发展，激发了人才培育活力。

静安区业余大学举办了 2020 年度青年教师教学竞赛。竞赛参照上海市高校青年教师教学竞赛规则，高标准严要求。学校高度重视这次青年教师教学竞赛，邀请来自全日制高校、上海开放大学、业大系统和开大分校系统的兄弟学校等副教授以上专家 15 人，静安区业余大学 6 位资深教师参与初赛和复赛的评分工作。学校各职能部门和科室全程参与竞赛设计、组织、管理和服务工作。

初赛，根据参赛学科性质分为 6 组，共 51 位老师参赛。赛程分为上午和下午两场，每个老师按照规定进行了 20 分钟的课程知识讲解和 5 分钟以内的教学反思。全场竞赛结束后，各组专家对竞赛情况进行了总点评，肯定了老师们准备教学资料的辛苦，赞扬了一些教师教学演示的规范、完整、特色和创新，也对需要改进的地方提出了中肯、到位的意见。专家对每位老师的教学优点和不足专门撰写了评语，以帮助老师们进一步提高教学水平。初赛遴选出 12 名优秀选手进入复赛。最后，评选出一等奖 2 人、二等奖 4 人、三等奖 6 人。

专家们认为，静安区业余大学一直重视教育教学的内涵建设，此次大赛显示了学校领导的务实作风和前瞻意识，也展示了学校优秀的组织能力。

（三）在线考试有序化开展成绩稳定

根据疫情的实际情况，各校采取了在线考试的形式，为了保证考试的质量，各校采取了有效的在线考试保障措施，使在线考试有序推进。

长宁区业余大学为了确保考核质量，采取了措施，规定在线考试组卷要求。教务处从考核的方式、题型种类（要求不少于三种题型）、题库的总量（不少于三套试卷的总量）等方面做出严格规定。为了体现考试的严肃性，教务处对所有课程的考试时间进行统一确定。任课教师提前一周完成组卷后，考务负责人对所有试卷进行一一检查，做好考试服务工作。为了确保学生出考率，班主任在考前对学生进行多次提醒，考试中关注考试情况，一旦出现问题，及时反馈，尽快解决各类问题。

徐汇区业余大学认识到，在线考试作为在线教学全过程的重要一环，是对学校在线教学管理工作的一次新检验。

学经多方调研、反复讨论，综合考虑教学平台、直播平台、学生居家环境等各类因素，本着线上线下考核实质等效的工作总基调和确保学生学业水平评价的规范性、公平性、有效性原则，从规范考试环节、严肃考风考纪、凸显人文关怀等角度，扎实开展相关工作。2020年上学期共开设在线课程86门，适合在线考试的课程有62门，在线开考率为72%。学校确定适当的考试内容，尽量不采用直接可以在课本上找到答案的主观题。允许学员撰写一篇论文，或是几道有背景的案例分析。整张试卷旨在考核学生能否掌握本门课程的基本知识和技能，要求学生有一定的自我思考并且能够将本门课程的知识运用到实践中去。学校把好试卷质量审核关，由教研处发布本次考试的相关要求，各位任课教师在规定时间编制好试卷传给教研处，教研处转给各个专业的负责人，由负责人审核通过。再由任课教师在考试周上传至平台，让学生在规定时间完成。

黄浦区业余大学开设课程46门，采取在线测试、论文考试、大作业、线下笔试、上机考试等多种考核形式进行期末考核。学校从多方面入手，进行考试质量监管。对疫情下的在线考试，学校制定了《命题工作要求》，要求根据不同专业教学要求和课程自身特点合理确定题型、题量和难易度，通过系部、教学处两级审核，确保期末考试试卷命题质量。教学处组织任课教师参加了《在线考核技术培训》，从题库建设、考试设置、模拟测试和考试成绩汇总等多个环节对教师进行培训，保证了期末考核的顺利完成。

行健学院成教院为了提高考试质量，利用腾讯会议平台，开启摄像头，全程视频监考。学院要求学生用答题纸答题后，扫描或拍照后通过电子邮箱进行试卷提交。院长、教务主管及教务人员进行巡考。

2020年上学期区办高校在线考试情况如表5所示。

表5 2020年上学期区办高校在线考试情况统计表

学校	开设在线课程数	在线考试课程数	平均出考率	平均合格率
长宁	63	62	92.00%	97.10%
行健	13	13	76.47%	75.02%
宝山	24	24	94.60%	96.85%
杨浦	23	16	93.64%	100.00%
虹口	25	15	97.90%	100.00%
徐汇	70-86	46-62	93.75%	96.20%
黄浦	46	40	93.00%	95.00%
普陀	101	101	95.30%	91.20%
静安	120	56	94.90%	94.00%

2020年下半年联教办坚持联考和抽考，将《中国特色社会主义理论》作为区办高校联考课程。宝山、杨浦、徐汇三所业余大学参加联考。对长宁、虹口、静安三所业余大学进行《行政管理学》抽考，从联考、抽考结果看，学员出考率达89.82%，考试成绩各校差异较大，优良率69.76%，合格率91.86%。具体数据如表6所示：

表6 2020年下学期联考、抽考成绩统计表

考试形式	考试科目	学 校	出考率	优良率	合格率
联考	中国特色社会主义理论	宝山、杨浦、徐汇	90.2%	95.8%	99.58%
抽考	行政管理学	长宁、虹口、静安	89%	10.5%	74.29%

(四)在线直播教学理论研究进展

虹口区业余大学举行“在线教育实践与探索研讨会”，围绕当学期开展的在线教育，进行了认真的总结和反思，形成了学校《在线教育实践与探索论文集》。七位老师就“在线教育”实践中如何转变观念、以“学”为中心改进教学方法、加强在线互动等方面的成功经验和案例，做了交流发言。王彩虹老师的“探索在线混合式特色化教学——以‘管理案例分析’课为例”、施丽萍老师的“操作类课程在线教学的优势和困难”、李春芳老师的“在线直播教学中教学设计的探讨——以‘家庭烹饪基础与技能’课程为例”、武建富老师的“完美课件是在线教学的基础”和莫文苑老师的“从‘头脑风暴会’到网络教学之互动式教学”的发言，分别从学历教育在线直播平台的选择、操作实践类课程的设计、精美课件资源的制作、在线教学互动的运用等方面进行了研讨。陈颉老师的“打破校园围墙，打造精彩课堂”和刘怡珺老师的“非物质文化遗产课程的在线课程开发”的发言，分别从社区教育如何在“人文行走”中探索深受居民欢迎的“抖音”直播平台的应用、预告片的宣传，以及非物质遗产课程受众面的拓展等方面进行了交流，可谓案例丰富，精彩纷呈。

长宁区业余大学举行“在线直播课堂与成人高校教育教学改革研究”论文大赛。学校设立大赛工作组，由教学处牵头组成，承担大赛的组织、评选及其他工作。根据专家评审意见，评选出一等奖 2 名，二等奖 5 名，三等奖 8 名。《在线直播课堂中成人学生社会临场感建构研究》、《疫情下区办成人高校直播课教学质量监控》、《疫情背景下成人高校网络直播教学的教学管理模式探究》、《疫情网课模式下加强班级队伍建设的策略研究》、《于漪的“三次备课”法对网络直播课程备课的启示》、《O2O 混合式教学模式在成人高校写作教学中的应用研究》等论文都得到专家的好评。

(五)《求索》顺利出版质量有新提升

上海市区办高校校长联席会、《求索》编委会克服疫情带来的各种困难，采取线上线下相结合的方式，按照历年形成的工作时间节点，有序、有效地开展工作。

区办高校结合学校教育教学的实际情况，开展了“在线直播课堂与区办高校教育教学改革研究”论文征集活动，根据各校的要求，校长联席会和编委会决定把这次活动征集的论文纳入《求索》征集范围，并设置“在线直播课堂与区办高校教育教学改革研究”专栏。

据统计，《求索》前后两批共收到论文 84 篇，录用 70 篇，录用率为 83. 3%；其中，第一批收到 71 篇，录用 57 篇，录用率为 80. 3%；第二批收到 13 篇，录用 13 篇，录用率为 100%。

本期《求索》发表的论文内容涉及比较广泛，其中教育管理类占了较大篇幅，其次是学科领域的论文，再次是社区教育和老年教育的论文。其中，顾欣的《基于VAR模型的食品CPI与肉禽CPI的实证研究》，汪晓雪的*the research on the effects of the information of the borrowers and the income from investment in online peer-to-peer lending on the financing efficiency*，张金阁的《西方协作式规划理论：理论基础、研究现状及其展望》等都是佳作，反映了作者在学科领域的潜心研究和学术功底。

"在线直播课堂与区办高校教育教学改革研究"的论文，既有直播课堂教学实际的调查研究，又有在线教育的教育理论研究；既有直播课堂教育管理的研究，又有在线教育教学方法的研究；既有直播课堂教育资源研究，又有在线教育技术支持研究；既有直播课堂教学过程研究，又有在线教育组织管理研究；既有对直播课堂教学的反思，又有对在线教育的展望。其中丁秋霞的《在线直播课堂中成人学生社会临场感建构研究》，王润清的《教育直播在成人高校的未来走向》，唐燕的《技能培训在线直播教学督导模式探索研究》等都得到专家的好评。

(六) 能力考试组织管理获得新加强

能力考试是国家级成人高等学校入学考试的重要补充。区办高校充分认识能力考试在招生工作中的重要性，努力提高能力考试在招生录取中的贡献率。

长宁区业余大学受上海教育考试院委托全面承担区办高校能力考试工作。学校在疫情期间，紧扣各环，严格规范，精准施策，过细实施。学校与区办高校校长联席会共同成立能力考试领导小组，由学校教务处、区办高校联合教务办公室组成工作小组，在命题、印卷、领送卷、阅卷等环节严格把控，确保能力考试组织管理有序。

领导小组聘任专家负责命题工作。组织经验丰富、责任心强、专业知识好的专家进行命题，形成题库。对题库中所有题目进行审核把关，并抽取一定数量试题组成两套试卷。试卷最终由校长联席会审定。

领导小组严格执行试卷印刷的保密制度。在考试组织中，先由联合教务办公室组织各校进行统一考务培训，明确考场规则、监考职责，确保考试过程安全有序。接下来再由各校在规定时间指派专人到指定地点领送试卷。在考试期间，学校由专人值班，以便应对各种突发情况。阅卷工作由联合教务办公室负责。各区办高校根据联合教务办公室要求，安排认真负责的教师参与阅卷。阅卷过程中，校长联席会负责人全程参与，对阅卷过程进行监督。整个能力考试工作得到教育考试院的肯定。

在疫情期间，2020年成人高考艺术类加试（聋人试场）在徐汇区业余大学举行。为了有效防控新型冠状病毒，学校规范进校考生的防疫流程，加强校内招生、考务工作人员的防疫意识，保证健康安全的校园考试秩序，保障考生和考务工作人员的生命安全和身体健康。

考试前期，学校成立防疫防控考务工作小组，对考试常规要求及疫情防控有关工作进行部署，做到人员分工明确，责任到人，落实到岗。考试当天，考生佩戴口罩提前60分钟到达考点，间隔一米距离依次排队入校。考生入校须进行体温测试，并出示"随申码""行程码"，提交《2020年上海市成人高校招生统一考试考生健康安全承诺书》。

考生经由专用通道进入考场，用现场配备免洗消毒洗手液、消毒药水等防疫物资进行消毒。考试过程中，考生佩戴口罩，考场井然有序，考风良好。考场间歇，安排专人定点进行考场清洁消毒，考生在休息区隔开就座，指派专人负责维护现场秩序，减少考生聚集和流动，确保了考试的顺利进行。

五、需要进一步研究解决的问题

（一）探讨混合式教学新课题

疫情使直播课堂教学以前所未有的规模进入到了教育教学活动之中，在广大的教育教学工作者中掀起了一个关注、探讨、研究直播课堂教学的规律性的高潮。但是传统课堂教学不会也不能从主流教学方式中消失，直播课堂也不可能永久成为教育教学的唯一模式，传统课堂和直播课堂的混合教学模式常态化将成为一种趋势。在新的高度深入研究混合教学模式，这将成为摆在区办高校广大教育工作者面前的新课题。目前区办高校已经做了初步探索交流，还需深入探讨。

（二）探讨合作式招生新思路

近两年，区办高校招生呈现止跌反升的势头，分析其中的原因，合作办学的模式为扩大生源提供了令人瞩目的新契机。区办高校要研究这一新的动向，对合作办学这种由来已久的模式从新的视角进行探究，研究合作方的专业优势，教育教学特色，招生成功经验，从中找到能够为我所用的积极因素，为区办高校的招生注入新的活力，使招生的良好势头得以保持和提升。

（三）探讨质量年报的新提升

《2021 年上海市区办高校质量年度报告》已是第七本区办高校质量年报，在各校的不懈努力下年报质量逐步得到提高。纵观质量年报的内容，似乎还缺少一些针对教育教学质量问题开展深入的调查研究并且进行深入的数量化分析的案例，而这些内容对于深刻揭示教育教学质量的提升途径，具有不可替代的重要作用，质量年报期待这样的案例的呈现。

各校年度报告

抓住机遇　突出重点　迈上新台阶

——2021 年长宁区业余大学教育质量年度报告

2020 年是我国脱贫攻坚决战决胜之年，是实现第一个百年奋斗目标的关键之年，是“十三五”规划收官之年，学校坚持以习近平新时代中国特色社会主义思想为指导，坚持面向国家经济建设和社会发展的需要立足区域经济社会发展的新特点、新要求，继续大力推进教育教学改革，积极整合区域终身教育资源，完善终身教育大平台，各项工作取得了显著成绩。2020 年新冠疫情爆发，给教育管理带来前所未有的挑战，学校上下一心共克时艰，多措并举推动线上教学发展。2020 年学校连续七届获评上海市文明单位，荣获上海开放大学办学水平评估优秀奖、服务学习型社会建设工作先进集体荣誉，社会竞争力和影响力持续增强。

一、学习习近平总书记一系列重要讲话情况

学校坚持以习近平新时代中国特色社会主义思想为指导，把学习贯彻党的十九届五中全会精神作为本学年度和今后一个时期的重要政治任务，纳入理论中心组、中层干部、党员和教职工理论学习的重要内容，并要求基层党支部进一步提高政治站位，拓展方式方法，通过专题党课、视频学习、青年分享会等丰富多彩的形式深入学习贯彻落实全会精神。学校网站、微信公众号推出专题报道，及时宣传报道十九届五中全会精神。

学校深入学习习近平总书记关于疫情防控的讲话精神，把疫情防控工作作为疫情形势下最重要的工作来抓。成立了疫情防控工作领导小组和工作小组，强化工作的组织领导和统筹协调。通过视频会议、微信群，定期召开防控工作推进会，及时传达学习习近平总书记一系列重要指示和重要讲话精神以及上级组织的工作要求。在学校微信公众号、校园网等网络新媒体平台开展线上健康教育，向全体师生宣传普及疫情防治知识和防控要求。并且，对全校教职工和学生，摸排健康情况、所在地情况、返沪情况等，做到排查细致清楚。把好“出入关”，实行严格的门岗管理制度，对确有必要进出学校的人员实行必测体温、必登记基本信息、必登记来踪去向的逢人三必制度。

学校加强党对教育工作的领导，全面贯彻党的教育方针，深入学习贯彻习近平总书记关于教育的重要论述，认真学习《习近平总书记教育重要论述讲义》。学校把深入贯彻习近平总书记在学校思政课教师座谈会上的讲话精神作为讲好思想政治理论课的重要任务，邀请同类型学校课程思政的研究专家做专题讲座，并在全校开展课程思政教学设计案例征集评选活动。

二、学习教育部和上海市教委有关疫情非常期间教育教学有关文件的情况

在疫情期间，教育部、上海市教委出台了各种指导性文件、提出了各种具体的举措，学校认真学习具体落实，保证学校的各项教学安排与教育部、市教委要求同步，不折不扣地执行到位。学校做好应对疫情的教学实施预案，充分发挥信息化技术优势，最大限度减少疫情对教学的影响。预案中根据不同的教学类型设

置不同的教学安排和要求，采取直播授课+网上资源建设+即时通讯软件支持三位一体的教学模式。学校在开学初对所有的外聘教师和在职教师进行专门的技术培训和思想动员，在《致任课老师的一封信——特殊版》中明确直播课、网上资源、建群的具体实施要求和细则，并完成每位任课教师的教学计划检查及整改工作。按照教育部、上海市教委复学复课的有关规定，全面做好线下开学的疫情防控工作。

三、学习市经信委发布的《上海市促进在线新经济发展行动方案（2020—2022年）》的情况

学校领导班子认真学习《上海市促进在线新经济发展行动方案（2020—2022年）》，结合学校实情，在“优化在线教育新模式”“上海在线教育的创新优势与发展”“在线教育发展中的问题与对策建议”等方面进行了学习与讨论，及时了解在线新经济未来发展动向，进一步更新观念、拓宽视野，思考具有学校特色的在线教育发展思路，为学校创新发展积极出谋划策。

四、对新时代创新驱动转型发展的新探索

1. 积极推行“订单式”培养方式，全力打造空乘定制班

近年来，学校对接区域发展对航空运输服务人才的需求，成立了航空运输学院。这个举措突破了区办高校特色办学的发展瓶颈，积极探索民航职业教育与培训新路，形成学历教育与产业实训相结合的办学格局。

2020年1月，学校和春秋航空联合启动“红河蓝天筑梦计

划”，突破性的开创了“学历教育+技能培训”的培养新模式，积极参与国家发展战略，全力以赴助推云南省红河州三县提前实现脱贫摘帽，向云南贫困地区招生，培养航空运输人才。2020 年 4 月，学校招生组不畏疫情，奔赴云南红河开展招生面试工作。经过层层选拔，最终共有 18 名学生脱颖而出。其中，哈尼族学生 17 名，建档立卡户 15 名。

为顺应春秋航空“订单式”培养的需求，学校不断加强师资队伍建设，着力强化师资实践能力，定期开展教师培训，派出教师到相关院校和企业进修。同时，聘请企业的能工巧匠、业务骨干到学校开展讲座，进一步增强师生的实践操作能力。学生在校期间，除完成规定的课程以外，还需完成跟岗实践。学校依托校企合作建成的校内实训基地，定期安排学生到实训基地进行锻炼，让学生在“做中学”“学中做”。同时，学校还进一步完善了适合学校实际的定制班的教学管理规章制度，实现了教学管理的规范化、制度化、科学化，确保定制班人才培养质量。完成学业以及空乘培训的学生，最终将和春秋航空等企业签订劳动合同。

2. 技术赋能，探索创新在线教育新模式

党的十九届五中全会提出发挥在线教育优势，完善终身学习体系，建设学习型社会的重大任务。学校为适应在线教学不断发展的需要，进一步加强教师参与在线教学的能力，成立以上海市劳动模范张东平校长命名的张东平劳模工作室，主导研发“三分屏在线教学课堂”，加速推动成人在线教育发展。

上海市长宁区业余大学张东平劳模工作室，通过团队的运作，搭建交流平台，加强骨干教师在线教学的深度交流与合作，形成在线教学的研究氛围。工作室开展在线教学研讨，学习最新知识和技术，提高团队成员在线教学设计和实践能力。工作室还以课程建设为着力点，建设好在线教学课程资源。有针对性地开展探索与研究，形成典型的在线教学模式，工作室存在的意义在于发挥团队孵化作用，积极推广成功经验，实现面上的带动效果。形成具有一定理论和实践价值的研究成果。

为适应在线教学不断发展的需要，创设一个“简捷、稳定、实用、有效”的在线教学环境，进一步提升在线教学质量和效果，实现在线教学普及性应用和持续性发展，在“实践、探索、总结”的基础上，经信息技术上的论证，工作室推出“三分屏在线教学课堂”支持服务模式。应用软件集成版由学校、易邦教育联合机构、杭州翰林光显科技有限公司共同开发研制。这款软件在教学实践中得到不断改进，已从试用版升级到 1.04 版。

学校依托劳模工作室团队，围绕“线上教学”“在线教学”“直播教学”等主题，在教学设计、教学过程及平台教学环境设计等方面，开展了在线教育的课题研究。学校教学处以质量保证为主题，以教学改革为手段，以教学过程管理为重点，开展“网上直播课堂与成人高校教育教学改革研究”论文征集活动。通过论文大赛，教师对一学期的直播教学进行了总结与思考，同时在应用的基础上提升了理论与科研水平。

五、适应区域经济发展和社会进步的专业建设新举措

学校继续加强专业课程资源建设，近期重点完成了空乘专业的《民航飞机客舱设备及安全管理》、《民航客舱服务》、《民航法律法规》和《民航飞机客舱设备及安全管理》等课程资源的质量提升工作。航空物流专业的《民航危险品运输》、《民航国内货运销售实务》和《民航货运英语》等课程资源的申报和创建工作

也已完成。

在专业的课程建设中，学校和中航协培训中心紧密合作，与上海开放大学总校资源建设公司密切联系，确保建设优质的课程资源。同时充分利用现有教师资源，参与相关空乘以及航空物流方面的培训，挖掘教师潜力，提升教师专业知识水平。

六、开展教育教学改革的重要成果

学校荣获2020年度上海开放大学招生工作先进集体、教学管理工作先进集体、信息化与数字资源建设工作先进集体、学分银行工作先进集体、服务学习型社会建设工作先进集体等诸多荣誉称号，在上海开放大学2020年度办学水平评估中被评为优秀。在上海开放大学举办的“第一届课程思政教学大赛”中，学校1名教师荣获一等奖、1名教师荣获二等奖、3名教师荣获三等奖、2名教师荣获优胜奖，学校荣获优秀组织奖。

七、师资队伍建设突出人物和事例

为了使新入职教师更快适应工作要求，快速进入教师角色并有效提高教育教学工作能力，走向专业化发展道路，学校开展了对新入职教师结对带教活动。同时，为让学校的教师更好、更快地融入学校转型发展，为航空运输学院专业发展贡献力量，学校安排部分教师分批参加各类航空和物流方向的专业培训。另外，学校通过组织教师业务学习或远程网络学习或到校外参加各类实地培训等形式，让教师丰富各类知识，开眼界长见识。

学校督学宋亦芳教授荣获上海开放大学首批教学名师称号。

宋亦芳教授长期从事成人高等教育、中等职业教育、职业培训和终身教育的教学和管理工作，尤其在社区教育数字化领域，颇有建树。他凭借着对终身教育事业的热爱，埋头实干、艰苦奋斗、开拓创新，在探索推进数字化学习、带领教学和科研团队等工作中做出了积极贡献。近年来，宋教授在开展区域终身教育和学科教学过程中积极推进教学改革，他主编或参编了《社区数字化学习概论》、《社区数字化学习资源建设研究》、《社区数字化学习支持服务体系研究》等论著 10 多部；在国内核心期刊发表《论我国社区数字化学习的形成与发展》、《成人高等教育实施弹性教学的方法探析》等论文 30 余篇，其中 17 篇被人大复印资料全文转载，多篇被人大复印资料索引收录。他主持全国教育规划课题、上海市教育科学课题、上海市社区教育实验项目以及全国和上海各类协会课题研究 20 多项，其中上海市教育科学重点项目暨上海市哲学社会科学课题“社区数字化学习支持服务体系建设的实践研究”被评为优秀结题项目。他主持的全国教育科学规划教育部重点课题“城市社区教育信息化发展指数研究”的研究成果得到专家的一致好评。

八、优秀毕业生突出人物和事例

2017 年春会计本科班共有 17 位学生，他们来自不同专科学校，不同专业，基础却同样薄弱。不要说获得学位，按时完成学业都成难题。必须有一位有上进心和责任心的班长带动整个班级的学习氛围。经过一段时间的观察，班主任选择了张静月同学担任班长。张静月同学发现班级中有部分同学由于种种原因学习进程受阻时，便提议开展互帮互助，通过归纳学习要点等，使得所有同学都及时跟进学习进度，完成课程任务，一次性通过各门课程的考核。身为班长的张静月，不仅自己的功课不落下，还管理好班级和帮助有困难的同学，及时伸出援手。同班同学慕孟丽说："我们 90 后的这代人，通常都比较自我，对身边的人和事都缺乏关注，但班长却不是这样，小小的身体里仿佛有用不完的能量。作为班长的她时刻把大家凝聚在一起，无论是分配课程任务，还是督促完成作业，或是申请学士学位，她都及时提醒并关心帮助着每一位同学，不让任何一位同学掉队。"

九、打造教育教学品牌优秀成果

于 2020 年 6 月份成立上海市长宁区业余大学劳模工作室在线教学研究团队，自成立以来，组织展开多次研讨活动，成果满满。经过探索，推出了三分屏教学软件，并不断更新，当前已是第四版。同时，为了拓宽思路，团队赴北京参观考察交流，参加 2020 年"技术赋能教育 创新改变未来——第七届国际智慧教育展览会"，以及同期举行的由中国教育技术学会主办的"中国教育技术协会 2020 年会暨教育信息化大会"。团队年底前完成了劳模工作室在线教学研究团队 2020 年研究汇编《在线教学探索与实践》专刊。

十、学术活动和学术成果介绍

2020 年度，全校教职工共出版专著 1 部，在国内期刊上发表论文 31 篇，其中核心期刊 8 篇，被人大复印资料转载 1 篇。同时，学校整理出版了《课程思政大赛中"三全育人"优秀案例》、《教育研究与探索》和《在线教学探索与实践》三本校内期刊。学校市级规划课题《区域成人高校完善终身教育大平台的实践研究》结题被市教委规划办鉴定为"优秀"。学校又一次（连续四届）荣获上海开放大学科研先进集体光荣称号。学校教职工荣获各级各类科研成果奖10多项。学校汇众智聚众力，谋划制定了新的五年发展规划，确立了学校新一轮总课题《区域成人高校助推社会治理的实践研究》，积极融入和助推社会高效能治理。

十一、开展德育教育、思想政治教育的突出事例

学校将思政工作贯穿到学科体系、教学体系、管理体系中，形成全员全过程全方位育人格局。对教师的培训有三项。一是校党委邀请同类型学校课程思政的研究专家，给教师们开设专题讲座，还组织全体教师共同参加了上海开放大学第一届课程思政教学大赛初赛前的远程培训。二是在全校开展课程思政教学设计案例征集评选活动。教师们积极参与，共提交课程思政案例51个，经过专家评审，对16个优秀案例给予了表彰，并将这些优秀案例编辑成册，供教师学习。三是按照上海开放大学第一届课程思政教学大赛要求，校党委再次请专家们对课程思政案例进行筛选，组织了24位教师开展专项培训后撰写提交开大课程思政大赛材料。经过初评，最终7名教师入围决赛，并且斩获一、二、三等奖等多项奖项。

同时，学校通过开展各类学生活动，进一步加强学生思想教育。学校组织学生参加了开大总校线上的"新生第一课"，聆听了开大总校领导结合疫情教育的思政教学和专题讲课。国庆期

间，学校联合学生会发起开展了“秋影金波耀国庆”第十届学生摄影大赛，通过摄影作品表达对祖国大好河山及身边感动的事和人的热爱。学校学生会组织“我和我的祖国”线上百科知识竞赛，本次竞赛充分结合“四史”教育，学生的参与度非常高，比赛热情高涨，达到满分的有近百人。2020年学校共推选出上海市成协表彰的优秀学生1名，评出2020秋季上海开放大学各类奖学金获得者64名。同时与开大总校协商，为空乘定制班中建档立卡的贫困户同学，发放了专项助学金。

十二、开展精神文明建设、校园文化建设的重要成果

2020年是全国文明城区创评大年，学校市民学习中心是2020年全国文明城区实地考察点位，学校通过一系列举措，加强中心内工作人员服务意识，同时，做好材料收集，整理工作，完成新一轮文明单位的创建材料。结合实际工作，学校组织教职工积极申报了《区域成人高校校园文化建设的实践研究》课题，并成功立项为区级一般课题。目前，该课题已经开展了一系列的实践探索，取得了一定的成效，促进了校园物质文化的完善，精神文化的传承，制度文化的梳理，行为文化的重塑。

2021年是中国共产党建党100周年，也是实施“十四五”规划的开局之年。学校将继续高举习近平新时代中国特色社会主义思想的伟大旗帜，以立德树人为根本，始终坚持社会主义办学方向，继续探索推进学校各项重点工作，走理论与实践相结合的特色办学道路，不断开拓进取，在学历教育、社区教育、教育培训各方面取得新的突破。

多点为学，学之有效

——2021 年上海行健职业学院成人教育学院教育质量年度报告

2020 年，是国家“十三五”规划收官之年。新冠肺炎疫情突如其来，给人们的学习、工作、生活带来了极大冲击。在疫情影响下，中国乃至全球都进行了一场大规模的教育信息化实验，并引发了教育界甚至全社会对于当代教育方式和教育组织形式的重新审视。面对疫情，上海行健职业学院主动作为，多方联动，力争继续教育工作顺利开展，并取得了积极成效。

一、服务抗疫战线，展现师生担当

面对突如其来的疫情，学院迅速反应，早在春节前就采取了一系列应对措施。学院提出三点总体要求：一是责任属地化，做到压紧压实。二是制度规范化，做到落实落细。三是工作常态化，做到有效有序。

基于总体要求，学院开展了五个方面的工作：一是建立健全疫情防控体系。二是制定和完善防控工作方案。三是疫情防控工作常态化运行。四是重点区域强化管理。五是严格进行教职工和学生管理。

二、聚焦专业特色，确保学有所专

（一）思政改革为统领

为了稳步推进课程思政建设，学院制定了《关于进一步推进课程思政建设的实施方案》（沪行健委〔2020〕23号）。通过全面修订人才培养方案、研制课程思政教学指南、完善课程教学管理和加强教材建设等举措，推进课程思政教学体系建设。通过推进课程思政工作体系建设和评价体系建设，构建以思政课为核心、综合素养课程为支撑和专业教育课程为辐射的课程思政育人体系，提高课程育人实效，全面提高人才培养质量。

（二）“四大品牌”为突破

对接上海“四大品牌”（上海服务、上海制造、上海购物、上海文化）计划，做强、做实、做新、做精各类专业。学院结合《“十三五”教育发展规划》实施，以上海市打响“四大品牌”、推进技能提升行动计划和静安区打响“上海文化”品牌三年行动计划实施为契机，集聚学院优势资源，错位竞争、特色发展，扶持优势专业。针对打响“四大品牌”的具体目标，提升学院专业建设质量；针对“技能提升”的具体要求，加强学生素质和技能培养；针对静安区“上海文化”品牌建设，有效利用学院文化资源，为社区文化建设服务。

（三）专业评价为标尺

学院实施专业建设评价，制定各类专业动态建设策略。学院基于高职教育特点，坚持系统指标互相独立，定量为主、定性为辅和充分利用公共信息的原则，形成适合学院专业实情的“专业建设与发展评价指标体系”，对各专业建设情况进行定量定性评价。依据评价结果，对不同类型专业进行动态调整。同时，加强校外学习站点指导服务，对校外学习站点开展部门专人定期实地检查指导教育教学工作的活动，以“同校同质”为原则，进一步规范教学管理，确保教学质量。

（四）资源库建设为支持

目前学前教育、电子商务专业的教学资源库已经建成。学前教育专业教学资源库建设团队基础好，实力强，匹配学前教育专业发展规划，体现上海学前教育专业特色。电子商务专业教学资源库确立四个维度三条主线，开发了 5 门在线教学核心课程，建立起丰富的素材库。

三、主抓在线教育，保证学不间断

2019 年，学院加大信息化教学设施建设。完成两个楼层精品互动教室、灵动创新教室、机房、OSC 控制室的建设及相关软件的安装。同时，新建 10 间智慧教室，深度融合学院网络在线教学的教学要求。

2020年上半年疫情期间，在线上教学开始前，为保证线上教学的全面有效开展，学院拟定了教师版的《上海行健职业学院2020年春季学期在线教学指南》及操作视频，学生版的《上海行健职业学院2020年春季学期在线学习指南》。同时开设"行健网上教学交流群"，对教师进行线上教学培训、指导和答疑。教师采用"1+X"形式开展线上教学，即以泛雅和学习通为基础，结合应用其他教学平台如钉钉、微信群、腾讯会议、QQ群等形式，以使线上教学顺利进行。

至2020学年末，在网络在线教学平台上，有200多位教师建设882门课程并开展混合式教学，占全院教师的95%。超过95%的学生参与网络教学平台及移动学习平台学习。网络教学平台上累计资源数达668 056个，其中图片、文本、音频、视频的数量分别为430 441、73 870、71 993、91 752，其包括课程资料数、章节资源数、题库数、作业库数、试卷库数等。

2019年至2020年，学院连续公布网络在线教育平台课程建设和使用排行榜，从课程的网络教学平台资料数、课程访问量和移动学习端（学习通）应用三个维度考量混合式教学改革实施效果，对建设和使用情况排名在前50%的教师给予奖励。

四、依托教学诊改，做到学有所控

学院根据《上海行健职业学院内部质量保证体系建设与运行方案》，建立校内校外联动的教学质量保障管理机制。校内建立以教务处、教学督导组为核心，以各系部为基础，各专业和学科教研室为重点的"学院—系部—专业"三级组织保障机构。校外聘请上海师范大学和华东师范大学教授担任专家顾问，对学院教学质量有效地监控、检查、评价和指导。

校内校外联动的教学监控和指导，从五个方面进行。

一是人才培养方案监控：根据教育部和教委有关精神和要求，学校严格按照“三部曲”对所有专业进行人才培养方案修订，即：调研人才社会需求——召开专业指导委员会听取意见建议——修订人才培养方案。

二是专业设置监控：学校制定《专业建设与发展评价指标体系》，各专业制定专业教学标准，在教学内容和课程体系安排上更加体现与职业岗位对接，理论知识够用，职业能力适应岗位要求和个人发展要求。

三是课程诊断监控：完成所有课程的课程标准修订，融入创新思维和创新意识培养的内容，进一步推进“职业化”课程标准的建设与实践。

四是教学过程监控：学期结束时组织学校全体学生进行网上无记名评教，广泛听取学生对课程教学的建议性意见，使教学更受学生欢迎。同时，组织班级部分学生座谈会，听取学生对日常教学、教务管理中的不足之处，便于工作的改进，更好地为学生服务。

五是教师培训监控：学校采取“主题与专题结合”形式提升教师教学改革能力和信息化教学水平。一是教务处发布教研活动主题，各专业和学科教研室结合主题每学期开展至少4次教研活动。二是专题化教研培训，如信息化教学能力、课程思政、创新创业教育教学改革等。

五、回归社会服务，凸显学有所用

以扎实的办学保障为依托，学院办学实绩突出，赢得了良好的社会声誉。多年来，毕业生就业率均超过97%。学院六次被评为上海市文明单位。学院获得的荣誉还有：2018及2019年度上海市征兵工作先进集体；2018—2019年度上海市志愿服务先进集体；在2019及2020年度“行知杯”上海市大学生实践项目大赛中获1个二等奖、2个三等奖；在“互联网+”创新创业大赛中蝉联上海赛区银奖。此外，志愿支教服务团队在“脱贫攻坚”全国大学生暑期社会实践专项活动中获优秀实践团队称号。行健学子是唯一荣获2019学年度宝钢优秀奖学金的专科学生。百名行健学子驰援全国抗疫抗洪一线，以担当奉献谱写青春华章。

2019—2020学年，学院加强专业设置与企业需求的进一步融合，企业实践基地达到120个。校企合作建设在五个方面成效显著：一是主动对接市场，增设优质企业实践基地；二是深化人才培养模式，引入校企合作工作室；三是对接企业需求，发挥“订单班”人才培养优势；四是开展“现代学徒制”，人才培养校企共育；五是拓宽校企合作渠道，培育学生就业技能。2019年学院学前教育专业再次获评“一流专科高等职业教育专业建设”立项专业，飞行器制造技术和电子商务专业获评“一流专科高等职业教育专业建设”培育专业。

为了将所学专业知识应用于实践，学院积极鼓励师生聚焦社会发展，紧扣发展脉搏，积极学有所用。学院电子商务专业和学前教育专业也应势而动，积极服务社会。

（一）电子商务专业

中国作为电子商务发展大国，在新零售、新消费、新服务等领域具有全球领先的经验和地位。电子商务专业积极推行“互联网+教育”，开发市级专业教学库和国际交流合作教学资源，借鉴国内先进的电商运营营销经验，结合国际消费市场情况，为一带一路师生定制相应课程。

目前电子商务专业已完成专业教学库的一期建设，开发出《电子商务网络营销》《电子商务运营实务》《网店数据分析》《跨境电商运营》《网络创业》5门课程。同时还开发了全英文的电商课程2门，分别为 *Optimization and Management of Omni-channel Retail in China's New Retail Age* 和“*Internet plus*” *Thinking*，一定程度上填补了高职电商专业对外输出互联网软实力的空白，彰显了文化自信。

（二）学前教育专业

学前教育专业积极响应“上海服务”品牌建设，以“全实践”理念构建学前教育人才培养模式，坚持“师范性”和“职业性”融合的应用性建设原则，突出保教融合，提高培养专业化水平，致力于服务上海本地并引领长三角高职类学前教育人才培养发展，取得育人实效。

学前教育专业老师受静安区人民政府交流合作办公室邀请，参加静安区对口云南文山州对口帮扶项目，赴云南省文山州讲学。为文山州幼儿园教师开展《基于观察的幼儿行为指导》专题讲座。讲座主讲人围绕游戏中幼儿社会交往冲突和科学探究能力两个主题，通过案例分析、情景模拟等形式，帮助幼儿园教师了解基于观察的幼儿行为指导的意义和方法。学院向文山州幼儿园教师代表赠送了学院首批校企合作教材《幼儿行为观察与指导这样做（第二版）》，通过资源共享，提升文山州幼儿园教师专业能力。

六、服务终身教育，实现学有所依

作为继续教育的重要环节，学院的社区教育工作也稳步推进。依托市民学习指导中心参与社区教育资源的整合共享机制，学院主动开放教育资源，为市民提供适需、充裕、优质的学习服务和心理健康活动，并积极参与区级各类终身学习活动的组织筹备与协调，促进社区建设发展，提升居民人文素养和身心健康。

探索社区教育课程建设。以“乐学书画”联合教研室为依托，多次召开研讨会，探讨书画类课程资源建设及实施。2020 年共完成上海市社区教育联合教研室《乐学书画》10 门书画类系列微课拍摄及建设。疫情期间通过“学习强国”和区“乐学静安”公众号推送课程资源，让社区居民足不出户学习，受到居民的一致好评。

开展各类终身学习活动。结合疫情防治需求，协调组织本区 14 个街道（镇）社区居民参加上海市民健康生活大讲堂线上直播，就居民最关心的新冠肺炎疫情展开解读，累计服务居民 100 余人；联合上海教育报刊总社康复杂志社，为全区 14 个街道（镇）开展社区健康行线上系列活动，具体包括线上直播 1 场、微课“家庭中医保健三宝”3 集、电子书“静安区社区健康行——健康知识随身学”1 本、网上巡展“2020 静安社区健康行”14 场，累计服务居民 2 100 人次。

此外，学院积极配合区学促办做好区级终身学习活动服务，积极参与 2020 年静安区世界读书日活动线上活动组织和 2020 年静安区全民终身学习活动周开幕式现场活动组织，共服务学习者 500 人。

2021年是中国共产党成立100周年，是“十四五”规划开局之年，也是全面建成小康社会、开启全面建设社会主义现代化国家新征程的关键之年，同时，也是学院转型发展20周年。站在这一新的起点上，学院将进一步开拓创新，锐意进取，去争取更大的胜利。

主动作为　再上新台阶

——2021 年杨浦区业余大学教育质量年度报告

2020 年是新冠肺炎疫情席卷全中国乃至全世界的一年，在这一年，学校在市教委统一领导下，积极应对，在做好疫情防控的同时，采取了网络直播课堂的方式开展教学活动，并初步建立了与之相对应的教育教学质量监控体系，保证了学校教学有序、有效的开展。

2020 年，学校深入学习贯彻习近平总书记在学校思想政治理论课教师座谈会上重要讲话精神，调整充实学校思政工作领导小组，统一认识，布置落实“课程思政”举措。同时，学校在创新人才队伍建设、推动对外合作交流和提升经济社会服务方面下功夫，使学校的学历教育、非学历教育和社区教育的综合办学能力得到明显提升，转型和发展取得长足进展，形成了成人学历教育、非学历教育和社区教育三教融通的办学格局。

学校实行上海市杨浦区业余大学与上海市杨浦区社区学院、上海开放大学杨浦分校“三块牌子、一套班子”的管理模式，落实立德树人根本任务，多渠道促进教师队伍专业化发展，深化探索“教学育人、管理育人、服务育人”新模式，聚力打造区域终身教育服务品牌，全方位发挥办学效能，获得了多面的成绩。

一、学校在创新驱动转型发展方面的新探索、新举措

1. 发挥家庭教育领头作用

作为全国家庭教育分中心，学校通过“教子有道”杨浦社会大学堂的持续开设，为社区居民开通亲子渠道，解惑儿童成长的难题，推进良好家风的建设。两年来共完成线上线下“有道学堂”讲座10余场，并在“云视课堂”“斗鱼”平台同步推送；开通“有道学堂”订阅号，历年完成27场讲座视频上传，线上线下参与13 000多人；借助“申学书院——市民大讲堂”，配送线上“疫情下社区居民心理疏导”等专题讲座，每期线上参与学习的社区居民都在500人以上。

2. 探索线上线下混合教学新模式

学校利用微信平台的信息化手段全面开展线上教学工作，通过网络空间把学生和教师有效组织起来。6月底举行“在线教学工作研讨会”；公共管理系副教授工海庄的《与学生一起进步》论文在2020年业大系统教学工作大会作交流。

3. 健全人才队伍培养机制

学校重新制订修改《关于人才培养的若干规定》，对干部梯队培养及教师专业成长提出了明确的要求，提升学校人才培养水平和综合实力。具体的做法是组织教师参加“上海开放大学系统非学历教育教师培训班”，培育既能从事学历教育，又能从事非学历教育的师资队伍。这次活动的参与率达到85%以上，近15%的教职工获优秀学员称号。学校还组织一名青年教师参加“德国双元制教育体系”远程在线培训，获结业证书。

4. 启动名师培养及精品课程建设工程

为提升学校内涵建设水平及办学综合实力，学校决定成立工作小组，借助外力启动名师培养及基于学历、非学历、社区教育三教融通的精品课程中长期建设工程。在 2020 年度，已论证立项的 18 门精品课程正式启动建设，力争 2021 年上半年出成果。

5. 发挥环境教育基地辐射矛盾作用

学校携手区环保局，每年举办 6 月 5 日“世界环境日”主题活动。在“美丽上海，我在行动”“美丽中国我是行动者”等系列活动中，杨浦区共有 36 人获“绿色环保践行者”称号，3 位志愿者获优秀环保志愿者称号，80 多幅书法、国画、摄影优秀作品被选送参加全国“美丽中国我是行动者”评选。

二、学校开展教育教学改革的成果

1. 创新思想政治教育

学校加强思政工作领导小组建设，充分发挥思政课程育人主渠道、主阵地的作用，校园文化、网络教育等辅助阵地作用，坚持全员全过程全方位育人。为了提升专业课教师课程思政教学能力。强化思想政治理论课教师、党团员、班主任三支思想政治教育工作队伍建设，形成思想政治教育工作的强大合力，学校开展了“2020 年教师教育教学能力展示活动”，深入挖掘各门课程蕴含的思政元素和育人功能。在市教委开展的思政教学专项检查中，4 名思政教师在公开课、交流座谈等环节中表现出色，获得专家一致好评；学校 4 位教师参加上海开放大学第一届课程思政教学大赛，1 人喜获三等奖。

2. 落实区域特色项目

（1）在区学习办的指导下，学校带领社区教育中心全体成员梳理总结近三年杨浦区社区教育三级网络开展社区教育的情况，根据学习型城区监测指标体系的要求，完成社区学院相关数据，上传上报300多项，为区学习型社会建设监测工作的顺利完成作出了贡献。

（2）为区学习委全委会召开准备相关的数据材料。学校审核提交了2019年杨浦区社区教育成果和获奖情况清单和2019年杨浦区社区教育统计平台数据清单等材料。

（3）扩大宣传。学校积极组织参与2020年全年《杨浦社区教育》杂志和《学在杨浦》专刊的组稿和编辑工作，积极为《上海社区教育》推荐稿源，积极宣传杨浦区社区教育的发展。

（4）积极开展队伍建设与培训。学校根据社区学校专职副校长调整情况，有针对性地开展社区教育管理、课程建设、学分银行管理与服务社区教育科研等专题培训。积极组织社区学校的教师、管理者全体参加上海市教委终身教育处、上海市学指办、上海市终身教育研究院的专题培训，提高了他们的管理和服务的能力。

3. 积极开拓合作交流

2020年度，学校加强了同外省市的交流合作，与重庆渝中区社区教育学院、四川成都锦江区社区教育学院、四川宜宾电大签约，合作共建了“长江缘区域终身教育共同体”，推动了区域终身教育一体化、项目化、融合化发展。这是学校在与新疆、内蒙古等地开展合作共建活动，与长三角三省一市社区教育联盟的基础上又一合作共建的新发展项目，也为杨浦社区教育的发展注入了新的生机和活力。

4. 办学质量取得新提升

2020 年度，上海开放大学对学校进行办学水平评估。评估分学历教育、非学历教育和社区教育三大版块，围绕办学理念与定位、办学条件与资源、学校运行与管理、办学质量与水平、办学声誉与特色等方面进行了认真检查，实现了对学校办学能力的一次全面完整“体检”。上半年专家组对线上申报材料进行评估，杨浦分校取得“优秀”的佳绩，下半年专家组进行实地核查和指导，学校获得“优上更优”的高度评价。

三、学校打造教育教学品牌的优秀成果

1. 积极开展社区教育实验项目

学校邀请上海教科院、上海市学指办的专家对社区教育实验项目的开展进行全方位的指导，加大对社区学校的实验项目的过程管理和指导服务，规范和完善社区教育实验项目开题报告、中期报告和结题报告写作要求，促进项目管理的制度化和规范化。上半年由于疫情严重，学校利用腾讯会议平台，组织召开上海市社区教育实验项目新一轮项目的线上开题会和上一轮项目的中期评估会，有 14 个项目通过开题论证和中期评估。学校组织召开 2019 年一般项目和重点项目结项验收会，对杨浦区 6 个一般实验项目进行结题论证，2 个重点项目通过市评估验收。学校申报了 9 个 2021 年社区教育实验项目，其中，2 个重点项目，7 个一般项目，项目的立项审批正在进行中。

2. 推进学分银行工作

根据学分银行的工作进程，今年上半年学校和社区学校申报学分银行课程 51 门，经过上海市学分银行的评审，49 门通过审

核认证，进入市学分银行系统，成为认证课程。新注册学员220人。

3. 组织开展志愿服务项目

根据社区教育志愿服务工作的要求，学校申报了上海市社区教育志愿服务重点项目《社区教育助力社区疫情防控治理》。通过学校的公众号宣传发动，组织社区居民积极参与线上学习，组织了线上“抗击疫情”有奖问答4次，线上“老年人常见急症的自救与急救”、“京昆艺术”、“家用穴位的保健方法”等健康养生、科学生活、安全防护、生活艺能、传统文化等类的科普讲座6讲。组织落实线上收看收听“如何构建美好社区”“海派文化与红色基因”等申城书院系列讲座6讲，听讲总人数达8 000多人。参与组织线下杨浦“有道学堂”家庭教育系列讲座3讲。组织市家长学校的家庭教育讲座2讲，线上线下参与达4 500多人。今年学校获评上海市社区教育志愿服务优秀工作站，7位志愿者获得上海市社区教育优秀志愿者的称号。

4. 组织参加社区教育优秀教学大纲的申报和编撰工作

根据市学指办的工作部署，学校组织杨浦区参加上海市社区教育教学大纲评选和编撰工作，申报30门课。其中，社区学校20门，社区学院6门。最后有9门被评为市优秀大纲，已完成编撰的最后定稿，已提交到市学指办，待出版。2020年4月10月，组织了历时七个月、以“致敬在阅读的您”为主题的杨浦区第10届上海社区网上读书活动，将中华优秀传统文化的宣传推广与家庭教育结合，全面宣传，广泛发动。各类读书活动如火如荼在社区全面展开，参与人数达到4 072人，积分总数达294 517分，推动了杨浦社区居民，调动了广大居民阅读好书的积极性，在社区形成了良好的读书学习氛围和阅读新风尚，为杨浦学习型社会建设增添书香。本次活动6位社区居民获得先进个人，1位获得优秀组织者。

5. 完成上海市社区教育统计平台杨浦区数据填报审核

学校完成了上海市社区教育学习地图信息上传和社区教育资源优选和配送工作。由于工作成绩优秀，有1位同志获评上海市社区教育优秀信息员。学校还配合完成了上海开放大学系统办学水平评估社区教育板块评估材料的梳理和准备，得到了各方好评。

6. 学校2020年度发表、出版、编印的论文、专著、教材情况

1）霍红梅在《奋进中的灿烂——新型高校十年转型路》一书中发表文章《求索在服务城区发展和百姓终身学习的转型路上》。

2）李伟在《上海社区教育主题征文活动优秀论文选编》中发表文章《钉钉在线直播在社区英语课程中的应用探索》。

3）李伟在《求索》发表《解读〈傻瓜吉姆佩尔〉中的“故事”与“话语”》。

4）周远成在《求索》发表《浅谈二胡〈引子与塔兰泰拉〉的作品移植》。

5）汤晓东在《求索》发表《“大云物智”知识导航研究领域文献综述》。

6）张颖在《上海社区教育主题征文活动优秀论文选编》中发表文章《网上直播课堂与线下现场教学优势比较研究》。

7）张天雪在《教育科学》发表《SWOT模型下的成人教育信息化发展路径解析》。

四、学校开展精神文明建设、校园文化建设的重要成果

1. 校园文化呈现新气象

学校创新思政载体，加强学生思政教育。结合“四史”学习教育，组织开展“激扬青春，绽放风采”2020年迎国庆、庆中秋游园会；开设“跟着党史游杨浦”微党课并举行“我和我的祖国”摄影大赛等活动。学校用好“空中课堂”，加强思想引领。疫情防控期间，组织学生共同在线收看“全国大学生同上一堂疫情防控思政大课”“公共安全教育开学第一课”等，并集中开展线上“云”交流，推动同学们进一步坚定理想信念，确保疫情防控期间学生日常教育管理“不掉线”。学校开展携手抗疫科学防护、诚信防诈骗等主题教育，加强正面引导。护理学专业的7名学生驰援武汉，学生会干部自发组织给驰援武汉的美丽的逆行校友们捐款购买口罩，利用学校公众号宣传各专业学生奋战在抗疫一线的情况。护理学专业盛赛花同学被邀请作为嘉宾在“国顺讲堂”第二讲“点亮心灯，绽放最美”现场介绍她在武汉疫情防控阻击战一线的工作情况。

2. 创意活动收获新成果

学校组织社区学习者参加上海社区教育助力乡村振兴创新创意展示活动。活动征集到摄影、绘画、手工制作和文创产品97件和作品背后感人的故事10个，并将它们上传到网上平台，还组织社区学习者到网上投票。

3. 微课大赛取得好成绩

组织社区院校参加长三角地区社区教育微课大赛。社区学院选送的《社区生活中的法律》（系列微课）获得一等奖，四平路

街道社区学校的《茶+礼仪》和江浦路街道社区学校《多肉植物的景观设计》获得三等奖，控江路街道社区学校《麦秆奇趣——公鸡制作工艺》，长白新村街道社区学校《创意环保画》和新江湾城街道社区学校《海派风筝的制作和放飞》获优秀奖。

4. 加强非学历品牌课程建设

学校与区各单位合作，开设多种非学历培训课程。2020 年度，举办了杨浦区机关干部素质提升项目培训班和业务培训班。素养培训课程主要包括：创意编织、手机摄影、国标舞、茶艺养生、艺术插花、数码钢琴、软笔书法、国画入门、汽车使用与维护等。素养培训课程的开设，搭建了机关干部的学习平台，丰富了机关干部的业余生活，展示了新时代机关干部的风采。学校面向杨浦区高校留学生和杨浦区市民，开设多个培训项目，提供多样化特色课程。已陆续开发项目和课程有金缮、木工、夏威夷呼拉舞、葡香红酒品鉴、智慧钢琴、创意手工和茶艺养生。这些课程，让留学生学习和了解了中国文化，也让杨浦市民不出国门体验了国际文化。

五、学校培养优秀毕业的突出人物和事例

2020 年学校毕业学生 184 人，上海开放大学杨浦分校毕业学生 496 人，88 人获得学士学位，3 名学生获得国家开放大学奖学金，53 名学生获得上海开放大学奖学金，其中 1 人获特等奖学金，4 人获一等奖学金。6 名老年服务与管理专业学生获民政奖学金，1 名学生获“百姓学习之星”称号，12 名学生获“上海开放大学最美抗疫者”称号，7 名学生获“疫情防控一线先进学生”称号，1 名学生获“新冠肺炎疫情防控学生先进个人”称

号，5 名毕业生被评为疫情防控一线杰出校友。2 名学生获评 2020 年度成人高校优秀学员、1 名学生获评国开优秀毕业生、3 名获评上开优秀毕业生。

栾永乐是海军军医大学第二附属医院（长征医院）骨科护士，也是我校 2017 年秋季护理学本科的学生，于 2020 年 1 月顺利毕业并通过了学位英语考试。今年新冠疫情暴发后，她推迟了自己的人生大事，于除夕夜飞往武汉，战斗在火神山医院，是最后一批离开武汉的医护人员，荣获全军荣誉嘉奖及长征医院抗疫勇士称号。

谢明辉，现任海军军医大学第一附属医院（长海医院）介入科护士长。在校期间，她认真学习，取得了较好的成绩，获得了开放大学的奖学金；在工作中，她参加了五年的抗击埃博拉的援非行动，2016 年荣立三等功，被评为 2016 年校优秀党员、2019 年医院管理先进个人等。今年新冠疫情暴发后，她毅然请命，2 月 17 日与战友一起飞往武汉，现已平安归来。

2020 年是极不平凡的一年，也是学校攻艰克难各方面工作取得成效的一年，学校将不断努力，坚持区办高校学历教育、非学历教育、社区教育三教融合发展，为杨浦新一轮创新驱动发展和终身教育体系构建作出新的贡献。

齐心战"疫"、共克时艰，助推学校事业健康发展

——2021年宝山区业余大学教育质量年度报告

2020年是全面建成小康社会和"十三五"规划的收官之年，也是"十四五"规划的谋划之年。学校在区教育工作党委、区教育局领导下，以习近平新时代中国特色社会主义思想为指导，全面贯彻党的十九大精神，深入学习贯彻习近平总书记考察上海重要讲话精神，坚持抗疫和教育教学工作一起抓，致力于内涵和外延共提升，全面完成了年度各项目标任务。

一、学校基本概况

上海市宝山区业余大学与上海行知学院、上海开放大学宝山分校、上海市宝山区老年大学多位一体，试行"多块牌子、一套班子"的管理模式，实行党总支领导下的校长负责制。宝山区业余大学是区域内学生年龄跨度最大、在校学生数最多、学科类别涵盖最广、教育场所使用时间最长的学校。是一所承担成人教育、开放教育、特殊教育、女子教育、艺术教育等高等学历教育及社区教育、老年教育、各类非学历教育的综合性公办高校。学校占地约45亩，建筑面积逾3万平方米。学校设有人文系、经管系、计算机系、党政办公室、教务处、学工处和后保处等内设机构。校内还设有由宝山区委宣传部、宝山区教育局直接领导的宝

山区社区教育指导中心、宝山乐学网。作为上海市政府十大实事工程之一的上海老年大学宝山分校（宝山区老年大学）与学校合署办公。至 2020 年末，学校在编教职工 83 人。教师和具有专业技术身份的人员 64 人。现有副教授 12 人（占比 19%），讲师 30 人（占比 47%），中级以上职称占比达 66%，其中不乏全国开放大学系统青年骨干教师、区办高校系统优秀教师和宝山区教育系统学科领衔人、学科带头人、教学能手等骨干教师。这些教师具有强烈的事业心、责任心，丰富的高等教育经验，教学业务水平高，师德修养好。

二、年度工作开展情况

（一）党建工作扎实推进

坚持以政治建设为统领，健全党建工作机制。学校党总支根据《上海市宝山区教育系统 2020 年落实全面从严治党主体责任工作要点》要求制订相关方案并进行了具体的部署，紧抓“严”字主基调，列出落实全面从严治党主体责任清单，扎实推进工作。疫情期间，学校党总支通过微信群向全体党员发出《党员倡议书》和《守望相助！交一次特殊党费》倡议书，筹得特殊党费 11 466 元上缴宝山区教育工作党委。党总支向两个支部发出《关于加强党的领导，为打赢疫情防控阻击战提供坚强政治保证的通知》，要求全体党员提高政治站位，坚决扛起打赢疫情防控阻击战的重大政治责任。

坚持以支部建设为重点，夯实党建工作基础。党总支加强两个支部的规范化建设，推动党建工作和业务工作相融合。坚持在严肃“三会一课”的基础上，以“规范化建设”为根本抓手，使支部工作严起来、活起来、强起来。暑期期间，两个支部参加了吴淞党建研究分会集中学习。继续加大“学习强国”和“宝山汇”平台学习力度，确保党员学习的成效。党组织信息维护、党费收缴、党员到社区报到及党员退休组织关系转社区等各项工作认真落实。

坚持以教育培养为抓手，凝聚党建工作合力。学校党总支修订《中心组学习制度》，要求党政中心组结合“四史”学习教育要求，领学领读《中国共产党历史》《中华人民共和国简史》等著作，精读精学《习近平谈治国理政（第三卷）》，并组织干部和党员系统阅读与“四史”学习有关的著作，集中收看十九届四中、五中精神报告会，听取张健明教授“新中国史”和特级教师周飞“党史如画”讲座。开设党总支（支部）书记党课3场、党总支委员“四史”讲座3场。

以党建品牌建设为载体，确保主题党日成效。以主题党课形式强化理论学习，以实地考察形式深植家国情怀。党总支组织全体党员学习观看“伟大历程　恢弘画卷——庆祝中国共产党成立99周年”线上主题展和习近平总书记给复旦大学青年师生党员回信的新闻转播，组织党员赴兴业路100号一大会址、河口科技馆、淞沪抗战纪念新馆参观学习。党总支组织学习习近平总书记在“不忘初心 牢记使命”主题教育总结大会上的讲话和《习近平主持中共中央政治局常务委员会会议分析国内外新冠肺炎疫情防控和经济形势 研究部署统筹抓好疫情防控和经济社会发展重点工作》等相关学习资料，安排全体党员学习张文宏教授关于防疫工作的专题知识讲座，举行“把初心落在行动上，把使命担在肩膀上”和“进博先锋 党员行动”主题党日活动。

(二) 疫情防控万无一失

周密部署，全力发挥党组织的引领作用。疫情伊始，学校便根据区教育工作党委指示，成立宝山区业余大学疫情防控工作领导小组，对学校抗疫防控工作进行指导和指挥。领导小组要求各支部提高政治站位，坚决扛起打赢疫情防控阻击战的重大政治责任，增强斗争本领，激励引导学校干部担当作为，强化党建引领，充分发挥支部和广大党员的战斗堡垒和先锋模范作用，带头遵规守纪，维护社会良好秩序。领导小组向全体教职工转发宝山区红十字会《关于抗击新冠肺炎疫情爱心募捐活动倡议书》，并筹得善款 10 916. 66 元捐于宝山区红十字会。2020 年 2 月 18 日，领导小组继续加大领导和宣传力度，向全体教职工发出《致全校教职工的一封信》，要求大家统一认识、认真关注、切实保障、加强防护，按照岗位职责进行居家办公。各部门通过网络等渠道继续发挥教育、教学、管理、服务、指导等功能，组织做好各项开学准备，推进学校各项工作顺利推进。学校疫情防控工作领导小组深入研究，认真筹划学校“停课不停学”的具体开学安排，并拟定《2020 年春季学期学校开学方案》，确定从 3 月 2 日起，各教学系开展线上教学，以确保成人高等教育、开放教育等学历教学工作的教学计划如期完成，并决定暂停老年教育、社区教育等非学历教育课程，以保证疫情防控工作的深入、到位。5 月 1 日，学校疫情防控工作领导小组通过微信公众号发布《致学校全体教职员工的倡议书》，提出了“继续防疫、以身垂范，周密筹划、迎接开学，遵守纪律、守牢规矩”的要求，引导全体教职员工调整好身心，做好线下复工复教准备。5 月 11 日开始，行政教辅人员正式到校工作。

率先垂范，努力彰显党员干部的责任担当。疫情期间，全体党员教职工在党总支和所属支部的号召下，积极投身到疫情防控工作中来。他们不在前线，却也在一线，默默地为地区防疫工作努力贡献着。受疫情影响，学校本学期首次开展了大规模线上教学，这给教师们的教学方式和教学组织管理都带来了巨大的挑战和严峻的考验。在这艰巨的时刻，计算机系的党员干部积极响应学校号召，克服时间紧任务重的困难，在开学前不分昼夜地摸索和辛苦工作。她们落实了教学平台，完成了平台群组搭建和教学培训等一系列工作，帮助广大教师尽快掌握了“互联网+教学”的基本技能和要求，为开学后学校线上教学的顺利开展提供了有力保障。“一方有难，八方支援”，教学系及教务处等部门的党员教师们，在疫情期间，还纷纷通过网络、小区居委甚至海外等渠道慷慨捐助湖北武汉等疫区人民共克时艰，渡过难关。

齐心协作，筑起安全可靠的校园防线。全体教职工们一直在行动：教师们认真开展在线教学，保证教学质量不打折；教辅人员们关心每一位学员的身心健康，抗疫与暖心育人相结合；各部门职工休假不休息，继续做好服务管理和后勤保障等工作，筑起一道道安全可靠的校园防线。有关职能部门落实各项疫情防控措施，按条线精准排摸疫情动向，严格执行“日报告”“零报告”制度。学校后勤保障部门根据区教育局的要求，积极落实防疫物资的配备工作，在开学前夕，各项防控措施落实到位。宝山实验学校因“校安工程”而借在我校，学校多次进行协调，确保了兄弟学校的教育教学工作在疫情期间仍然能够顺利进行。此外，广大教职工积极响应配合，为疫情防控工作出力，主动作为。学校国家二级心理咨询师杜鹃老师在线上进行了一场《面对疫情“黑天鹅”如何共渡“心”难关》的专题心理辅导讲座，为线上教学、居家办公的教职工们及时送上了温暖的“心灵鸡汤”。学校卫生老师朱琳在线上线下进行了“新冠肺炎防疫及消毒工作”的专题培训，使大家进一步掌握了预防新冠的有关技能。来自教务处、学工处的老师们在学校组织下分批赴学校整理分发教材，还特地在整理包装后的教材上喷上消毒剂，将教材安全地送到每位学习者手中。为确保校园安全工作，物业公司的后勤保障人员疫情期间不休息，按要求错时到岗，做好各项开学筹备工作。工会工作人员在疫情防控期间多次与当时仍在外地的教职工和退休教职工联系，宽慰他们并及时传达有关防疫工作要求。

（三）教学工作有序开展

有条不紊，稳定开展高等学历教育。学校组织召开新学期教学工作会议，出台“上半年学历教育全部线上教学，下半年开放教育、成人教育以线上教学形式为主，按需线下申请面授方式为辅”的工作要求，圆满完成各项教学任务。累计完成学历教育（开大、业大、海洋）实际课时数达 10 020 节；完成本科论文 92 篇、专科论文 421 篇；计算机专业毕业实习 9 人；各专业本科答辩 71 人、专科 31 人；本科社会实践 96 人、专科 201 人。学校结束了与海事学院长达十几年的合作并做好了应届及遗留毕业生等工作。学校还完成了 2020 年上海市高校高等学历继续教育学习站点主报告、上海开放大学系统分校整体办学水平评估工作主报告等学校特色办学经验总结报告。一年来，全校教职工公开发表论文 15 篇，其中核心期刊发表 1 篇；作为主编参与编写教材 2 部，合作著作 2 部。多位青年教师参加了“上海开放大学第一届课程思政教学大赛”，获得了1个二等奖、多个优胜奖等较好成绩，另有两位老师分别被选为国家开放大学和上海开放大学首届青年骨干教师培养对象。

精心组织，稳步推进社区教育工作。学校全力协助在区政府召开的学习型城区创建监测和现场调研，完成十三五终身教育综评、十四五终身教育规划和学习型城区建设总结等材料的撰写与制作工作。学校还配合教育局做好宝山区全民终身学习活动周开幕式；做好市民终身学习体验基地，探索“重走行知路”“罗泾新农村建设”网上体验基地的建设与体验课程实施；在线上推出“复工十问”微课程，开展了“传染病与我们的生活”等主题培训；组织策划“众志成城抗疫情”主题作品征集活动；报送市学指办社区教育教学大纲评比作品35篇；开展上海市民网上读书活动、终身学习云“空中课堂”、“申学大讲堂”、“家长学校”等在线讲座，抗击疫情主题征文，疫情知识在线竞答等活动。

合理布置，积极开展线上老年教育。学校组织学员参加IPTV、全国老年远程网、上海市老年教育慕课平台和上海市民终身学习云“空中课堂”等线上平台学习活动。开设在线直播大课堂，课程学习点击量11 000次左右，参加在线课程学习的学员数达到1 600人次（不含校区），受到老年学员好评；继续加强《瓷绘工艺》特色课程建设力度，课程在线学员数近300人，覆盖全市16个区；完成第四批全国老年远程教育研究项目的结题工作；组织策划“众志成城抗疫情”主题作品征集活动，共收到作品286件。

（四）其他工作齐头并进

学校抓好干部队伍日常管理，结合“三定”工作和内设机构改革要求，适调部分干部岗位，明确要求并切实提升中层及以上干部的业务和管理能力；根据专业建设和实际工作要求，本年度引进两位教职工，学校教师队伍的职称和年龄结构得到优化；学校抓好师德师风建设，组织教职工学习《新时代高校教师职业行为十项准则》和《习近平总书记教师节重要寄语》精神，积极开展学陶师陶活动和第 36 个教师节表彰庆祝活动，拍摄以先进教职工为背景题材微电影，展现优秀师德师风面貌；选送 13 位中青年教师参加上海开放大学课程思政大赛，其中有 3 位教师入围决赛，良好的思政教育教学氛围已经形成。

学校工会根据宝山区教育工作党委和区教育工会要求组织开展消费扶贫助力脱贫攻坚工作，逾八成会员参与，筹措资金 13 200 元，为新疆叶城扶贫工作助力；军民共建工作继续开展，学校党政工领导赴共建部队进行慰问，双方就共建主题做了深入的探讨和交流；继续做好会员各类保险的参保和理赔工作和七大节日的实物福利慰问以及在职教职工生病住院和直系家属人病慰问探望工作；继续做好义务献血的动员和组织工作，本年度学校共有 7 人进行了光荣献血；退管会、退教协做好退休教职工基本福利及生病、去世的探视及慰问等工作，暑期走访退休教职工共计 81 人，占全体退休人员超过八成，获得了大家的高度赞誉。

三、主要成果及努力方向

一年来，学校获得全国第五届 NERC 杯全国优秀微课程评选活动优秀奖、上海市优秀成人继续教育院、上海社区网上读书活动优秀组织奖、上海社区教育志愿者服务品牌、上海社区教育优秀微课评选活动优秀组织奖、上海市社区教育教学评选活动优秀组织奖、上海社区教育微课评选优胜奖、上海市五星级老年学习团队和宝山区教育系统综合改革综合评价先进单位等荣誉称号。

2020年是极不平凡的一年。在上级领导的关心和全体教职员工的共同努力下，学校虽然取得了一些进步，但在前进的道路上还有重重困难。例如，学历教育、社区教育、老年教育等办学板块的融合需要体制机制的创新，内部管理尤其是内设机构、处室职能等关系有待调整，绩效工资实施方案有待完善。

学校将继续坚持以习近平新时代中国特色社会主义思想为指导，认真贯彻落实习近平关于疫情防控工作重要讲话精神，大力弘扬伟大抗疫精神，统一思想，压实责任，毫不放松，抓好防疫防控工作。

2021年是十四五规划的开局之年，学校将科学筹谋学校未来五年的发展和定位，结合上海市对宝山区学习型城区监测成果，力争高职项目有实质性推动，顺势推进“三教融通”并以此作为我们办学的努力方向和工作重点，切实提升学校各版块教学资源整合效应及办学社会效益。

奋进新征程　谋求新发展

——2021 年虹口区业余大学教育质量年度报告

2020 年是极不平凡的一年，面对突如其来的新冠肺炎疫情，教育领域开展了史无前例、规模空前的“停课不停学”的在线教育实践，使教师的信息化素养得到了空前提升。2020 年也是“十三五”规划收官之年和“十四五”规划谋划之年，学校新老班子实现交替，在融合发展上积极推进学校教学方式的更新升级，在创新发展上努力推动区域终身教育迈上新台阶，在转型发展上认真谋划“十四五”发展蓝图。

一、融合发展，积极推进学校教学方式的更新升级

（一）线上线下教学的融合发展

在疫情防控期间，学校按照市教委的要求，积极开展在线教学，制订了详细的《网上教学及其管理和支持服务实施方案》，使用“腾讯会议”平台，组织开展在线直播教学，并使用“虹口区终身教育门户”的“微课学习”平台；提供在线直播教学课前和课后教学资源的学习支持服务。学校专门建立了网上教学保障微信群、班级教学微信群、在线直播教学网上值班微信群。业余大学和开放大学学历教育上半年共有 87 门课程、下半年共有 85 门课程开展了在线直播教学。学校加强对教师平台使用和软件

工具的培训；不断完善学校网络平台的有关功能；积极开展在线直播教学方法研究，结合在线教学中挖掘的3个典型案例进行宣传推广，在线教学逐渐从学历教育向社区教育、老年教育延伸。据统计，在线直播教学的学生平均到课率比原先线下的面授教学的到课率有较大的提高。整个学校的疫情防控和教育教学等各项工作，做到了安全、平稳、有序地开展，经受住了这次疫情的“大考”。

2020年7月7日，学校举行了“在线教育实践与探索探讨会”。为了配合这次研讨会，前期学校组织学历教育和社区教育及各社区学校老师们，围绕上半年开展的在线教育，进行了认真的总结和反思，形成了《在线教育实践与探索论文集》。论文集共收录了学历教育25篇文章和社区教育16篇文章，从不同视角对上半年疫情防控期间学校开展在线学历教育和在线社区教育等工作进行了小结和反思。研讨会上，七位老师就在线教育实践中如何转变观念、以“学”为中心改进教学方法、加强在线互动等的成功经验和案例，作了交流发言，还举行了论文集发放仪式。

7月9日，学校举行了2020年度学校科研课题（项目）开题报告会，“基于网络直播创新《经济数学》课程教学新模式的探索”“成人教育网上直播课堂教学评价研究”“成人教育在线教育策略研究——以社会工作专业教学为例”“网上直播课堂和线下现场教学融合途径研究”和“直播课堂教学过程研究——以上海开放大学《大学英语》课程为例”等7个课题通过审核被立项。5月26日，学校还举行了2019年度学校科研课题（项目）结题评审会，“在社会工作专业教学中渗透思政育人元素的实验”等10个课题（项目）进行了结题汇报。经专家评审，5个课题获一等奖、3个课题获二等奖。

12月10日，上海市区办高校举行了以“新冠肺炎疫情下线上线下混合教学的探索交流”为主题的2020年下半年教学工作视频会议，学校在会上作了“后疫情时代成人教育数字化转型的再思考”的交流发言，发言的主要内容是：疫情期间在线教学更加需要教师有意识地从“学”出发来设计教学，格外关注学习规律，实现从“以教为中心”到“以学为中心”的转变；需要不断提高平台在个性化学习、大数据教学分析反馈等方面的智能化水平；教育数字化转型是通向智慧教育的必由之路，数字素养是教育数字化转型中教师的必备素质；因阻击疫情而开展的在线教育实践也引发了人们对教育的反思，客观推动了教育的进步和革新，也带来了新的发展机遇。

（二）学历教育、社区教育和老年教育的融合发展

学校将学历教育开展线上线下一体化教学的成功经验推向社区教育和老年教育，在教学课程资源、师资队伍、信息化管理队伍、设施设备和区终身教育网络平台等方面实现资源共享。

区社区学院在疫情防控常态化下，积极开展社区教育专题培训工作。我区社区教育专兼职教师培训采取“360度全方位”打开方式。2020年上半年，主要以线上微课方式开展，将近年来开发的所有优秀微课和社会培训机构提供的教学视频（极韵太极养生会馆提供的太极功法网络教学视频、全特体育提供的健康保健教学视频）向社会免费开放，参与人次突破4位数；下半年，开设了第二期形体舞培训、非遗香文化培训、武动人生联合教研室教养培训、联络员通讯员培训，线上线下相结合的模式，极大地增加了被培训人数，扩大了我区社区教育培训工作受众面与影响

度。同时，学校探索社区学院和社区学校合作承担区社区教育教师培训任务新模式，使培训内容更加丰富，更加贴近社区教师的需求，同时也提高了社区学校开发教师培训课程的积极性，收到了“1+1>2”的效果。

区老年大学根据上级要求，选择部分适合网络教学的课程，面向所在班级就读的老年学员，利用区终身教育网络平台，免费提供网络课程，满足学员线上居家学习需求。2020秋季学期共开设了12门网上课程，约6 000人次参加了网上的学习。区老年大学还积极利用上海市老年教育公共平台提供的教学资源，让学员能够获得更为丰富的学习内容。同时，利用腾讯会议平台组织了虹口区老年教育三类学习点线上专题培训，59人参加培训。

2020年，学校完成了学历教育、社区教育和老年教育的线下多媒体教室的线上直播教学配套设施的改造，进一步完善了区终身教育网络平台（三期）建设，编写了《上海市虹口区终身教育信息系统网络平台（三期）教师使用手册》，为后疫情时代保持在线教育取得的成果、实现线上线下教学的融合、各类教育的融合提供支持和保障。

二、创新发展，努力推动区域终身教育迈上新台阶

2020年，虹口区业余大学以习近平新时代中国特色社会主义思想为指导，贯彻落实“构建服务全民终身学习的教育体系”要求，聚焦提升城市能级及核心竞争力，围绕“到2020年率先基本实现教育现代化，率先基本建成学习型社会”的目标，按照市委和市政府关于新冠肺炎疫情防控工作部署安排，全力做好新冠肺炎疫情防控相关工作，努力构建泛在可选、便利可及的智慧学

习环境，不断深化学习型社会建设，不断服务市民终身学习的能力，推动终身教育工作迈上新台阶。

(一) 社区教育的创新发展

在社区教育方面，召开2020年虹口区学习型社会建设与终身教育促进委员会工作会议，发布《关于调整虹口区学习型社会建设与终身教育促进委员会及其办公室组成人员的通知》等文件，便于各成员单位达成共识，形成合力，协同推进各项工作。

完善市民终身学习云空间。在疫情常态化背景下，学校贯彻落实“停课不停学”的原则，组织全区各级终身教育机构开展线上教学活动。整合区级各类精品资源3 350个，在“虹口终身教育”网站和“虹口终身教育”微信公众号上推出系列优质课程与学习资源，并将市级各类学习平台与优质资源信息共享给市民，线上教学课程门类丰富，参与线上学习的人数累计逾19万人次。

加大课程资源开发力度。疫情期间推出“传染病预防知识讲座”微课20课时；开发线下非遗课程共6门，包括弦丝画、水粉扇面画、篆刻艺术、柳编、香囊、剪纸，共100课时，编写1本共有版权的课程教材，4门课程大纲；开发线下高雅文化课程共4门，包括魔术、京剧、昆曲、沪剧，共140课时，编写4门课程教学大纲，开发录制魔术微课15节；设计制作完成“非遗”文化项目中教学课程大纲、传承人简介、师资简介宣传册；出版了社区教育系列丛书（适用于社区教育的课程教材）一套7本，分别是《海派面塑》《手工皮具》《形体舞蹈》《茶艺欣赏》《快乐风筝》《木活字印刷》和《生涯教育》。在“上海社区教育课程教学大纲征集与评选工作”中，《中国传统香文化》等

11个教学大纲获得“优秀奖”，《风筝制作》等3个教学大纲获得“鼓励奖”；在“2019年度长三角地区社区教育优秀微课评选活动”中，《精武文化》系列10个微课获得二等奖，《发生火灾怎么办》获得三等奖，《联出老年人的新视界》系列10个微课和《食品安全》获得“优秀奖”；在“2019年度上海社区教育优秀微课评选活动”中，14个微课分别获得1个一等奖、4个二等奖、9个三等奖，区社区学院获得“优秀组织奖”；开发的微课《“剪”意生活——中国民间剪纸》《极韵太极（少儿）十三势》在中共中央宣传部“学习强国”学习平台——“非遗传承”栏目播出；在上海教育出版社出版了教材《犹太文化》《精武文化》《培育家庭不倒翁》，并再次与上海教育出版社合作，签署制作成电子书和有声书的协议。

完善市民终身学习资源配送体系。进一步完善“上海市学指中心——虹口区社区学院——八个街道社区学校（中小学、机关、楼宇）——居民教学点（体验基地、人文行走学习点）”四级资源共享体系，确保优质教育资源全覆盖。一年来，配送非遗课程进社区（社区学校、学生指导站、市民驿站）、进学校（辖区内中小学）、进机关楼宇，累计参与达998人次；开展线上非遗课程配送服务，录制非遗手工课程，在阿里云平台播放，共计40课时，参与学员达到4 000人；配送高雅艺术课程（魔术、戏剧等）进学校（辖区内中小学）、进机关楼宇，累计参与达1 200人次。

组织举办各类专题讲座。2020年为了给中小学提供心理健康教育和职业生涯规划指导，学校邀请多名家庭教育指导师（高级）、心理学博士、国家二级心理咨询师到辖区内18所学校开展18场心理辅导讲座，累计参与人数超过1 000；组织居民参加市开放大学家长学校和市民大讲堂组织的各类讲座，引导居民关心家庭教育，关注孩子健康成长；举办“父爱如山，坚强而温暖!”在线讲座，邀请 SMG 著名主持人骆新、《能爸逗娃》专栏作者商建刚、上海开放大学人文学院副教授张轶斌共同分享父亲育儿的智慧，云开科技和阿基米德现场直播，共计近 8 万人次在线收看收听。

开展全民终身学习活动周活动。“虹口区第七届全民终身学习活动周展示活动”和“虹口区摄影比赛”“虹口区手工编织作品比赛”“虹口区社区书画比赛”“虹口区创意土布时装秀”“虹口区社区服饰大赛”等大型品牌活动的成功开展，营造了全区浓郁的终身学习氛围；首次以线上形式组织“虹口区摄影作品展示活动”，居民网上积极投票，选出自己喜爱的“人气作品”，累计参与人数逾万；承办上海市终身学习活动周系列单项比赛之“让非遗走进现代生活——2020 年‘虹口杯’非遗手工创作大赛”，采用线下评审和线上展示相结合的方式，累计参与 121 735 人次；“非遗+创新学习坊”“人文行走在广中”被评为上海市“终身学习品牌项目”。

积极开展区级人文行走工作。疫情期间推出两条网上行走路线，两周内阅读量达到 1 099 人次；围绕“四史教育”主题，将虹口人文行走学习点与四史教育学习相融合，开展“‘四史’学习在虹口”活动。6 月 17 日下午，以“行走的历史，移动的课堂”为主题的“红色移动课堂 · ‘四史’学习”平台开通启用仪式在虹口区人文行走学习点——中国证券博物馆举行，此活动被“学习强国”上海学习平台报道；与区新时代文明实践中心共同打造两条虹口人文行走线路——“从码头出发开眼看世界”“虹口滨江前世与今生”；组织参与区新时代文明实践中心组织的

"文化三地"志愿宣讲员培训，带领"文化三地"志愿宣讲团成员实地行走北外滩；联合曲阳路社区学校和四川北路社区学校推出两条具有街道特色的行走线路——"科技曲阳""品阅凉城"，并拍摄了"科技曲阳""方舟之路""鲁迅小道""魅力北外滩"4个行走视频。

加强老年大学师资培训，2020年因受新冠肺炎疫情的影响，区老年大学根据上级要求暂停了线下教学。但"停课不停学"，区老年大学在组织开展线上直播教学的同时，积极开展线上直播教学管理的规范性建设，坚持做好疫情下的师资培训工作，依托市老年教育师资培训中心的资源，共组织各类师资培训14次。学校主持的上海市教委处室专项经费项目——虹口区老年教育三类学习点内涵建设项目结项。按照项目要求及项目资金细则，通过上海书城购买老年教育教材40套，并发放至相关学习点。

（二）科普教育的创新发展

学校设立的虹口区社区科普大学2020年在疫情环境下，严格遵循"停课不停学"原则，努力创新教育教学方法，综合运用多种教育手段，为社区居民创造条件，鼓励社区居民通过网络学习等方式加强科学素质相关内容的学习。学校面向虹口区8个街道，组织开展了《柔力球》《科技小制作》和《杨氏医养》等200多课时的课程学习，惠及300 035人次。

秉承科普育人，惠及全民的原则，学校组织课程研发班子，针对社区居民的实际需求，开发了包含《穿衣法宝》《烹饪妙招》《环保知识》和《人工智能》四大类共17单元拥有自主知识产权的科普系列微课。

青少年作为科普教育工作的重要对象，培养提升其科学素质显得至关重要。面对这种情况，学校积极组织建设面向社区青少年的“生态创客空间”，着力开展青少年科普品牌活动，开展线上线下相结合的青少年科普活动，丰富青少年的科普文化生活，达到提升青少年创新思维能力的目的。

三、转型发展，认真谋划“十四五”发展蓝图

（一）向职业教育、社区教育的转型发展

根据《上海职业教育高质量发展行动计划（2019—2022年）》，2020年，虹口区政府为推进区高职学院创建工作，根据市政府关于同意设置上海南湖职业技术学院的批复，以上海市虹口区业余大学为基础，整合相关教育资源，新建上海南湖职业技术学院。同时，重新设立上海市虹口区社区学院，以促进全民终身学习、建设学习型城区为目标，以“立足社区，服务社区，提高居民思想道德素质、科学文化素质、健康素质和职业技能”为办院宗旨，充分发挥终身教育在弘扬社会主义核心价值观、推动社会治理体系建设、传承中华优秀传统文化、形成科学文明生活方式、服务人的全面发展等方面的作用。

（二）认真谋划“十四五”发展蓝图

学校结合区域实际，认真谋划《上海市虹口区学习型城区建设与终身教育“十四五”发展规划》，并在学校教职工大会进行了学习讨论。

已编制的《上海市虹口区学习型城区建设与终身教育“十四五”发展规划》提出的发展目标是：持续优化学习资源配置，完善终身学习网络，深化终身教育品牌建设，提高市民终身学习满意度，激发社会组织参与学习型组织和学习型城区建设活力，完善虹口终身教育治理体系，着力提升终身教育对虹口区创新发展的贡献度，打造虹口区域特色终身学习文化，全面推进虹口学习型城区建设。到2025年，率先建成以城市学习力为驱动的更高水平、更高质量的学习型城区，终身学习服务体系更为优质、均衡，终身学习环境支撑更为友善、成熟，全社会共同参与终身教育治理格局不断完善，学习型城区建设总体水平、创新发展贡献程度和国际影响力显著增强，开启品质提升特色发展新阶段。

《规划》提出的主要任务是：一是优化社区教育服务能级。健全协同推进机制，提升社区教育服务水平，扩大社区教育服务规模。二是提升老年教育服务质量。扩大老年教育资源供给，促进内涵建设特色化，实现老年教育高质量发展。三是构建职工教育服务体系。丰富职工教育资源，增强职工教育服务保障能力，完善职工教育激励机制。四是促进成人继续教育转型。完善继续教育办学体系，搭建继续教育“立交桥”。同时，实施终身学习信息化服务平台建设工程、终身教育师资队伍能力提升工程、学习型城区建设监测工程、学习空间建设工程、学习型组织建设工程、学习型城区建设协同推进工程、虹口终身学习特色文化建设工程、白领教育新路径探索工程和后疫情时代终身教育融合发展工程等九大工程。

《中共中央关于制定国民经济和社会发展第十四个五年规划和二〇三五年远景目标的建议》是开启全面建设社会主义现代化

国家新征程，向第二个百年奋斗目标进军的纲领性文件。学校要在深刻领会其重大意义的基础上，准确把握推进高质量发展的战略要求，在谋划新蓝图、开启新征程中奋力开创学校高质量发展新格局。

更新教学策略　强化队伍建设
走高质量育人之路

——2021 年徐汇区业余大学教育质量年度报告

2020 年是学校“十三五”发展规划的收官之年，也是全世界新冠肺炎疫情肆虐之年。在这不平凡的一年里，学校在教育教学实践中贯彻落实习近平总书记关于抗击新冠疫情的一系列重要指示，积极探索创新线上线下融合式教学模式。学校强化政治引领、建设完善数字化教学平台、协同推进教学科研、立足需求精准供给，建设“人人皆学、处处能学、时时可学”的区域高质量终身教育体系和终身学习体系。

一、坚持强化政治引领，谱写党建崭新篇章

（一）加强政治理论学习，增强思想行动自觉

学校坚持以习近平新时代中国特色社会主义思想为指导，以思想建设为引领，开展“不忘初心、牢记使命”主题教育、“四史”学习教育、主题党日等活动。中心组学习活动 18 次，党员主题党日活动 9 次，政治学习 10 次，专题学习、研讨、竞赛等活动 10 余次。

学校组织学习《上海市促进在线新经济发展行动方案（2020—2022 年）》，结合本校特点和教育教学工作实际思考具

有学校特色的线上线下融合教育发展路径，为后疫情时代创新发展出谋划策。

（二）积极行动落实疫情防控，建章立制确保校园平安

学校认真学习、积极落实徐汇区教育局下发的关于加强新冠疫情防控工作的重要指示，及时制定本校的防疫管理制度——“三方案十制度”：《徐汇区业余大学网络教学工作实施方案》《徐汇区业余大学疫情防控工作实施方案》《徐汇区业余大学突发公共卫生事件应急预案》和《传染病防控的健康教育制度》《传染病防控宣传制度》《传染病疫情及突发公共卫生事件报告制度》《复课证明查验制度》《清洁管理制度》《消毒隔离管理制度》《学生健康管理制度》《学校晨检制度》《学校环境卫生检查通报制度》《因病缺勤登记追踪制度》等，修订《外来人员与车辆出入校园的规定》，并制定各类应急预案。与此同时，构筑起“学校领导——中层干部——普通教工”联防网络，增强防控意识，加强工作调度，细化防控举措，确保防控期间的校园安全。学校积极响应区教育党工委、区教育局面向教育系统招募志愿者赴区各街镇参与社区疫情防控工作的号召，组织动员本校 19 名干部、党员参加疫情防控志愿工作，守护社区“家门”和上海“大门”。

（三）坚持“立德树人，三全育人”理念，加强思想政治建设

学校秉承将思想政治教育融入教育教学全过程的理念，不断调整完善人才培养方案与课程体系，切实发挥地区成人高校在社

会主义核心价值观教育中的前沿阵地作用。2020年，学校组织开展“全国大学生同上一堂疫情防控思政大课”、“‘4.15’国家安全教育日”主题活动、“‘青春之歌唱响在防疫一线’——2020五四青年节主题分享交流会”、“抵制浪费、培养节约习惯”主题班会、“迎接中国共产党成立100周年暨‘四史’教育知识竞赛”以及“上海开放大学最美抗疫人物评选”等25项学生思政教育与校园文化活动。

二、数字化平台为依托，多元教育稳中求进

根据教育部、上海市教委有关疫情期间教育教学工作的指示，学校于危机中育新机，以数字化平台为依托，在学校信息中心提供的技术支持与保障下，积极探索线上线下融合式教学模式，助推多元教育稳步、优质发展。

（一）以特色专业建设为抓手，强化学历教育内涵建设

学校以学历教育的优质发展为目标，设置老年服务与管理、社会工作、心理咨询、家政服务与管理等特色专业，更好地满足区域发展需求以及学员学习诉求。为进一步提升学习支持服务能级，学校对教育教学工作实行全过程管理。在教学方面，46个班级1 757名学生借助钉钉、腾讯课堂、classin等平台进行课程直播、录播学习。学校全年圆满完成310门课程线上线下融合教学任务，业大自建116门课程线上资源。在教学过程中，对全过程的教学材料进行收集存档，形成教学质量文件；实行中层干部带班——教学教务人员值班——班主任随班的管理制度。在考核评

价环节，以优化试卷质量与成绩管理为目标，建立任课教师——教研处——专业负责人三级审核评价体系。

（二）教育资源多形式配送，社区教育高品质发展

为确保徐汇区社区教育“停课不停学”，徐汇区教育局聚合区内教育资源，启动建设徐汇终身教育在线课堂“光启e学堂”，推动优质教育资源共建共享。“光启 e 学堂”由徐汇区社区学院主体运营，并借助徐汇终身学习网、徐汇社区教育抖音官方账号、徐汇汇课微信公众号、徐汇汇课 APP 等多平台上线，直播、回放同步生成，实现多形式精准配送。此外，学校组织出版徐汇区社区教育系列教材（第七辑），完成特色微课、学习手账等课程资源建设。学校持续推进师资培训工作，开展徐汇区社区教育专职工作者学习培训，承办 2020 年上海市社区教育机构院（校）长专题培训。

（三）满足居家学习需求，老年教育进入数字时代

面对疫情防控常态化要求，徐汇区老年大学不间断通过微信群、课程钉钉班级群、上海市老年教育管理信息化服务平台等载体传达安全防疫、暂停线下开学、开展线上课程、线上学习活动等信息，宣传线上学习的方式方法，推送线上学习资源，满足老年学员的学习需求。在此基础上，依托“光启 e 学堂”、钉钉等平台组织开展线上教学活动。截至 2020 年 11 月 30 日，参与线上学习的老年学员人数近 8 000 人次。为进一步提升教学质量，学校组织编写老年大学校本教材，包括声乐、英语、摄影等课程。

同时，上海老年教育信息中心完成管理平台的版本升级，实现平台及数据向“政务云”的迁移工作，启动与市大数据中心和一网通办的业务对接工作，为上海老年教育师资配送系统提供高效信息化服务。

（四）线上线下融合，特殊教育砥砺前行

2020 年，学校顺利完成特殊学生学历教育招生计划，招生专业有动漫设计、视觉传播设计与制作、摄影摄像艺术、视觉传达等，并成功推荐 6 名听障生就业。学校继续与徐汇区残联合作，依据残疾人需求，开设《新冠病毒防控（线上录播）》《零点彩铅（线上录播）》《微视频（线上录播）》《手机摄影（线上录播）》《葫芦丝（线下面授）》等培训项目，线上线下培训惠及残障人士 3 508 人次。此外，上海大学与学校签署上海大学国家语言文字推广基地共建协议，共建学生专业实习实践基地，共同推进特殊教育教学研究、手语教学教研等方面的合作交流。学校将抗疫精神作为学生思政的素材，组织特教学生积极开展“众志成城。抗击新冠疫情”主题作品创作，《你要的音药》手语 MV 登上“学习强国”平台。

（五）护心抗疫在行动，提供心理健康教育服务

学校未成年人心理健康辅导中心根据教育部、上海市教委关于心理抗疫防疫的工作重点，全面部署全区学校开展“护心抗疫，徐汇心育在行动”工作；根据上海学生心理健康教育发展中心的要求，指导区内学校开展心理健康教育活动月“云相伴 · 心

呵护·汇成长”系列活动，并荣获优秀组织奖；通过“汇心”公众号推出系列心理科普文章、制作发布系列微课，普及心理应对和调节方法，系列微课登上学习强国平台并被武汉“心理老师之家”网站转载；结合居家学习、返校复学、中高考前等重点时间点，开展全区“超级家长会”，向家长传播科学的心理健康和家庭教育知识；通过24小时心理热线和面对面心理咨询，为千余家庭提供帮助，及时预警和干预几十起心理危机事件。

三、教学科研协同推进，助推教师专业发展

（一）以教学研训规范化促教学能级提升

为适应新冠疫情影响下学员对多元教育的学习需求，学校着力加强教职工线上教学与服务管理培训，开展教学研究，全方位提升教职工综合素养。学校以建章立制形式全面促进青年教师专业化成长，制定并实施《上海市徐汇区业余大学（上海市徐汇区社区学院）教师担任学历教育班主任工作办法》（试行），促进教师更深入了解受教育对象，提高教学有效性；实施《上海市徐汇区业余大学（上海市徐汇区社区学院）青年教师带教工作制度实施办法》（试行），进一步规范带教工作，帮助青年教师尽快适应和熟悉高校教学工作；与此同时，采集梳理本校教师基本信息，依据学科发展需要确定教师教学方向，搭建师资梯队建设平台。围绕课程设计、在线资源建设、课程思政等主题，2020年学校组织开展20次师资培训及教研活动，提高教师队伍的教育教学水平。

（二）以支持服务促科研能力建设

为进一步促进我校青年教师科研能力的提升，学校启动“青年教师科研能力提升计划”，培养青年教师从事终身教育科学研究的能力，为教师专业发展搭建平台。具体的做法是：以“青年教师科研能力提升计划”为抓手，由学校发展研究部牵头，邀请业内知名学者、CSSCI来源期刊责任编辑围绕“教育科学研究的思路与方法”“课题研究和论文写作”等专题开展培训；组织青年教师就暑期科研成果和心得进行科研交流活动；启动2020年第四届校课题申报工作，经校内外专家评审并经学校学术委员会和校长办公会审议，共立项6项课题，其中校重点课题2项、校一般课题4项；为更好地推进课题研究、做好科研支持服务，邀请学校财务主管就校课题科研经费的规范使用进行交流。

学校的科研工作取得初步成效。科研项目方面，《徐汇区未成年人心理危机预防性干预的实践研究》被评为徐汇区第十三届教育科研成果二等奖，《“汇心”成长坊暑期心理微课堂》项目荣获2020年上海市未成年人暑期优秀活动项目，《社区教育专题APP建设和推广的实验》和《社区老年教育教师师德建设的研究——以徐汇区为例》顺利结项。学术论文发表方面，学校青年教师7篇论文发表于《求索——上海市区办高校教师论文集（第十八期）》；学校“未成年人心理健康辅导中心”组织区“吴增强工作室”学员在《江苏教育》就“心理危机预防与干预‘HELP’模式”专题发表5篇论文，包括《学生心理危机预防与干预“HELP”模式的实践研究》《学生心理危机预防与干预的团队建设》《学生心理危机安全救助体系构建》《学生心理危机预防与干预个案督导培训》《学生心理危机预防与干预的宣传普及途径建设》；老年大学部教师发表《国际学习型城市建设的目标转向与新关注——基于四次学习型城市宣言的文本分析》《新中国教育法制建设的嬗变与展望》《中国一线城市中心城区老年教育发展历程研究》等文章；社区教育部老师在《成人教育》《职教论坛》等核心刊物发表论文《指向深度学习的社区教育的微课设计》《指向“深度学习”的成人教育教学策略》《探索上海社区教育面向现代化的关键问题探析》等。

四、立足需求精准供给，教育教学再结硕果

（一）学校荣获的奖项

上海开放大学徐汇分校荣获上海开放大学系统2020年度招生工作先进集体、教学管理工作先进集体、信息化与数字资源建设工作先进集体、非学历培训工作先进集体、服务学习型社会建设工作先进集体、学分银行工作先进集体。

徐汇区社区学院未成年人心理健康辅导中心荣获“上海学校心理防疫抗疫先进集体”称号以及2020年度“上海市学校心理健康教育活动月”优秀组织奖。

徐汇区老年大学“徐朗音乐工作室”开展的线上课程《天使的身影》在徐汇区获得最佳人气奖；参与上海市第十四届老年文化艺术节系列活动，金玫瑰时装队获得“最佳服饰奖”；参与上海市九九云上重阳节活动，取得朗诵比赛二等奖，摄影比赛二等奖、优秀奖，绘画比赛优秀奖等众多佳绩；两位老年学员的四幅作品入选上海市艺术成果中心线上绘画展览作品集。

学校和龙耳咖啡联合出品的《请给我一片蓝天》荣获第六届“上海公益微电影节”特别鼓励奖。

(二)教职工荣获的奖项

杜俭老师荣获上海开放大学2020年度系统“优秀校长书记”称号；

张国庆老师荣获2019—2020年度上海市成人高校“优秀管理工作者”称号；

卢憬老师荣获上海开放大学2020年度系统“优秀教学管理工作者”称号；

徐英伟老师荣获上海开放大学2020年度系统“优秀招生工作者”称号；

刘玉蓉老师荣获上海开放大学2020年度“优秀教学管理工作者”称号；

袁媛老师荣获2019—2020年度上海市成人高校“优秀班主任”称号；

刘琪老师荣获2020年上海开放大学第一届课程思政教学大赛三等奖；

叶晗修老师荣获2020年上海开放大学第一届课程思政教学大赛三等奖；

穆敬业老师荣获2019—2020年度徐汇区社区教育“奉献奖”；

姜黎卿老师荣获“2020上海市成人高校优秀教师”称号；

沈雪晴老师荣获中泽奖论文竞赛三等奖；

陈瑾瑜老师获评2020—2022年度徐汇区学科带头人；

韩雯老师获评2020—2022年度徐汇区教育系统学科带头人；

朱晓林老师获评2020—2022年度徐汇区教育系统中青年骨干教师；

尤丽娜老师荣获“徐汇区教育系统2020—2022学年度中青年班主任骨干”称号；

高灵老师的油画作品《远观系列》入选《2020经典传承杯中国青年新写实绘画艺术大展》《2020中国当代青年美术作品展（网络展览）》等；

肖福莲老师荣获《上海社区教育》“优秀通讯员”称号；

韩雯老师荣获上海开放大学“优秀服务学习型社会建设工作者”称号；

徐洁老师荣获2020年度上海开放大学“优秀思政工作者”称号。

（三）学生荣获的奖项

2016春城安木科蔡东岳等四位同学在上海开放大学系统学生“我和开大的故事”主题征文活动中荣获一、二等奖；

2017秋工商企业管理专科赵纪明同学荣获“上海开放大学2020年度优秀毕业生”称号；

2018级视觉传播设计与制作专业张涛同学荣获“上海市2020年度成人高校优秀学员”荣誉称号；

2018秋老年服务与管理专科方金海等17位同学在“上海开放大学迎中国共产党建党100周年暨“四史”学习知识竞赛活动中”荣获一、二、三等奖；

2019春机械本科徐斌同学获评上海开放大学“最美抗疫人物”；

2019春机械电子工程本科徐斌同学荣获“上海开放大学2020年度综合特等奖学金”；

2019秋软件工程本科匡明等十五位同学荣获“上海开放大学2020年度综合一、二、三等奖学金”；

2019秋老年服务与管理专科吴江洲等五位同学荣获“上海开放大学2020年度优秀学生会干部、优秀学生干部”称号；

2020春社会工作本科吴斌同学荣获2020年上海市成人高校优秀学员称号；

唐涛、王麒、黄宇三位校友获评“上海开放大学六十周年校庆杰出校友”称号。

攻坚克难，砥砺奋进，探索学校各类教育改革发展新路径

——2021年黄浦区业余大学教育质量年度报告

2020年是极不平凡的一年，面对突如其来的新冠肺炎疫情，学校在市教委统一部署和黄浦区教育局的领导下，在校领导班子带领下，深入学习贯彻党的十九届五中全会精神，打好疫情防控阻击战和改革发展攻坚战，全校教职员工齐心协力，攻艰克难，成功实现疫情防控和教育教学两不误。学校在深化教育教学改革，加强教师队伍建设，推动各类教育改革发展方面都取得可喜的成绩。一年来，学校获得了上海市文明单位（连续五次）、上海开放大学分校办学水平评估优秀分校、服务学习型社会建设工作先进集体、上海开放大学教学管理工作先进集体等多项荣誉。

一、建立混合教学常态化机制，提高混合教学质量

2020年初，疫情突发，根据教育部延期开学并“停课不停学”的要求，学校全面启动线上教学。“停课不停学”虽是应急之举，但学校看到疫情后会对成人教育教学改革产生的长远影响，借此机会，引导教师转变教学理念，提升线上线下教学能力，推动信息技术与教育教学深度融合，逐步建立线上线下混合教学的常态化机制。

（一）精心设计，开展线上直播教学活动

疫情期间，依托网络的线上直播教学成为了学校开展在线教学的主要工具与手段。为了保证直播教学顺利开展，又避免直播教学照搬面授教学模式，提高教学的有效性，学校统一规定线上直播课堂教学方案的制定要素，要求各专业教师围绕直播软件的选择、教学目标的选择、教学内容的选取、教学资源的选择、教学互动环节的设计和风险控制等多方面，精心设计线上直播教学方案的。行政管理专业课程的线上直播教学方案对课程教学内容进行适当调整和增减并模块化重组，按照不同的模块设计不同的教学形式，围绕教学目标安排课时量并选择相匹配的教学方法，引导学生参与探究互动，激发学生参加线上直播教学的兴趣，提高了课堂的教学效率，受到学生欢迎。计算机专业实操类课程教师在线上教学方案设计中将任务驱动教学、实践教学和案例教学相结合，突出了对课前、课中、课后教学内容、教学资源选择、教学方法的设计，激发了学员学习课程的兴趣。

疫情期间如何进行线上指导和答辩是困扰师生的难题，为了达到线上线下同样的指导效果，各系部根据专业重新制定实施方案。计算机系制定了在线直播演示+同步讲解视频+微信、腾讯会议辅导的毕业设计指导方案，教师线上直播进行详细的指导分析与讲解、演示，并提供同步讲解视频供学员反复收看学习，同时通过微信、一对一腾讯快速会议、共享屏幕等平台工具指导学生解决问题。线上毕业设计指导方案便捷、高效、个性化，达到预期效果，深受学生好评。2018春信息管理专业毕业生向学校赠送了一面写有“授业一丝不苟、解惑无微不至”的锦旗，感谢学校

计算机系老师们疫情期间对他们毕业设计的精心指导和辛苦付出。应用艺术系针对广告设计与制作专业的毕业生通过腾讯会议App，进行了线上毕业设计远程的“云答辩”。系部成立了答辩工作小组，召开线上答辩准备会议、制定详细的工作流程、技术解决方案以及具体的实施预案。答辩过程做到了流程规范，答辩纪律严明，确保“云答辩”质量过关，公平公正，达到了面对面毕业设计答辩的效果。

（二）多措并举，开展线上教学质量监控

无论上半年的全线上直播教学，还是下半年的线上线下混合教学，都对教学管理提出了新的挑战，学校积极探索和构建基于线上教学和线上线下混合教学的教学管理模式和质量监控措施。措施一是加强线上教学的管理。为了保障线上直播教学和混合教学的教学质量，学校制定了《黄浦业大线上教学规范》，要求教师必须全面落实党的教育方针和立德树人根本任务，并对教师在开展线上教学活动中如何进行教学设计，如何选择教学资源，如何开展教学互动，如何为学习者提供个性化支持提出明确要求。对直播教学中的环境、教师的语言、形象等也有明确细致的规范。同时教学处安排线上直播时段的教务值班，及时解决师生在直播软件、教学平台使用中的问题。措施二是加强在线直播教学的质量监控。学校从2020年年初启动线上教学工作起就注重教学质量保障与监控。为确保线上教学效果和教学质量，学校多措并举对线上教学进行全面监控，实行“学校—教学处—系部—教师（含班主任）—学生”五位一体监控措施，对教学过程、教学秩序、教学质量等环节进行检查、监督、指导和反馈信息。教学处

负责全校线上教学、混合教学安排，学生评教的问卷调查、信息收集、反馈汇总，线上教学考核的安排组织、线上教学效果分析；系主任对本系部教师的线上教学方案进行检查审核，组织线上听课评课，并定期开展系部教研活动；教师对学生学习状况进行监控，针对线上教学的特点，制定教学方案，并根据学生上课反馈情况进行调整；学生在班主任组织下填写教学处下发的线上教学情况问卷调查，及时反馈教与学的真实开展情况。线上教学质量保障与监控的体系的构建，提高了线上教学效果和教育教学质量，学生的出勤率和满意度普遍提高。

（三）课题引领，开展线上教学改革研究

学校启动线上教学后，组织教师在教学实践过程中，总结经验，深入研究，积极反思，加强对线上直播教学模式的探索。年内开展了以“成人继续教育线上教学直播的研究和探索”为主题的校本课题研究。学校教师从被动接受，到主动探索，积极响应申报课题，经专家评审，共有7个项目立项。课题研究内容立足于教育教学实践和实际工作，有鲜明的问题针对性。课题组成员态度认真，研究工作扎实有效。课题先后经过了立项、专家论证、结题验收等环节，确保了课题的质量。本次校本课题大多达到预期目标，取得可喜的成果。7个课题中，1个课题的成果即将发表于核心刊物，4个课题成果已发表在区办高校联教办编辑出版的《求索（十八）》中，一位教师在区办高校教学工作会上作了发言。课题研究进一步推进线上线下混合教学模式改革，为学校未来的发展做有益的探索和尝试。

二、建立教师培训培养机制，提高教育供给质量

提高教育质量的关键在于教师质量。教师教学水平的高低，直接决定着学校办学质量的高低，从而最终决定学校的生存与发展。因此，学校一直以来重视师资队伍建设，努力为教师的专业成长提供平台和制度保障。

（一）持续开展教师培训，提升教师教学能力

疫情期间，为了保证线上直播教学的教学秩序，帮助教师和学生应对线上教学的各种状况，学校精心选择网上直播教学平台，编写直播教学软件使用指南（教师版、学生版），并多次对教师进行直播平台软件培训，解除师生开展线上教与学的技术屏障，同时通过上海师资培训中心的微课堂“教师在线教学能力提升”，组织教师参加系列培训讲座。

2020 年，学校进一步推进教育教学转型发展，打通学历教育、社区教育、老年教育和非学历教育之间的壁垒，整合各种类型优质教育供给，实现各类教育资源的共享。学校努力创造各种条件鼓励教师走出学历教育的象牙塔，进入非学历教育和社区老年教育。上半年期末学校组织 20 多名教师参加了上海开放大学系统非学历教育教师培训，通过近一周的学习和考核，这些教师都获得非学历教师资格证书，进入上海开放大学非学历教师师资库。学校借此进一步推动教师转型发展，建立一支适应市场需求、综合素质强、业务能力精的非学历教师队伍。

2020 年，学校继续加强教师教学研究能力的培训。下半年

教师沙龙举行科研主题报告会，邀请社会学博士、上海开放大学副教授王晓楠作“开放大学教师发展路径与学术选择”主题报告。这样的师资培训与沙龙活动有效推进了教师专业化发展，促进中青年教师教学能力、教改能力、科研能力和创新能力的提高。

（二）搭建平台，加大新教师培养力度

学校以推进中青年教师专业化发展为目标，立足于关心青年教师，培养青年教师的工作思路，通过各种方式加大对新教师的培养。为了帮助新教师尽快适应工作岗位，学校为每名新教师制定了培养方案。首先，将新进教师纳入总校新教师培养系统，安排他们参加上海开放大学总校的新教师培训。其次在系部建立带教制度，新教师和带教老师相互听课，带教老师传授教学经验，系主任安排系部全体教师听课、评课。带教制度发挥了“新老对接、传帮带”的作用，帮助新教师树立职业精神，确立成长目标，设计发展路径，提升专业素养。同时学校还积极鼓励并指导新教师参加教学研究和各类教学比赛，加快新教师的成长，促进新教师教学能力的提升。

三、努力实践，全力开创非学历培训工作新局面

疫情期间，学校的非学历教育培训教学也面临从传统的面授教学转为线上教学的挑战，学校培训部借此机会努力实践，化被动应对为主动作为，进行“互联网+教学”的应用和实践探索。

改变线下面授的传统，积极开展线上教学。年初，学校及时引导培训部教师转变教学理念，提升线上教学能力，开展线上直播教学。培训部结合项目特点，依托现有资源，一方面开发了“食品安全知识”“营业员上岗证”等课程的视频或音频录制，另一方面利用好中国职业教育在线平台提供的“经典咖啡制作”为学员提供了线上培训学习资源。

采用线下结合的混合教学模式，开展多元化教学。培训面授环节以强化重点、系统总结、集中答疑以及实训操作为主，基本知识点以网络平台、微信群等多元化的方式教学，受到学员欢迎。全年共完成自考助学培训 270 余人次，餐饮从业人员食品安全知识培训2 192 人次，营业员上岗证培训 1 108 人次，经典咖啡制作 173 人次，企业新型学徒制培训 50 人，家政从业人员学力提升 1 331 人次，档案从业人员继续教育 198 人，全年共完成各类培训5 322 人次。

以科研引领，推进非学历培训课程的教育教学改革。为解决疫情期间教育教学的现实难题，探索线上线下教学的有效性，针对成人培训的特殊性，培训部组织教师以科研为引领，参与校本课题研究，申报了《经典咖啡师课程线上线下混合教学融合模式研究》《技能培训网上直播课堂的教学督导模式探索与研究——以育婴员培训为例》两项课题，先后完成开题、问卷设计及调查、结题报告，并在《求索》论文集上发表论文 2 篇。

四、优化模式，着力提升社区（老年）工作水平

2020 年，黄浦区社区学院、老年大学在全力做好疫情防控工作的前提下，以内涵建设、信息化创新联动为抓手，不断满足区

域内老年人的学习需求，提升办学品质。

（一）优化社区（老年）教育网络布局，完善终身教育实体化建设

学校继续优化区域内社区（老年）教育网络布局，加强对社区（老年）教育4.5级网络建设的指导，持续完善社区（老年）教育5—8分钟学习圈、培育“一街一品”品牌项目建设，创新“三教融合”协同发展模式。2020年，配合市教委、区学习办开展学习型城区创建监测调研工作，圆满完成黄浦区创建学习型城区“十三五”期间的所有数据、信息的上报工作，得到了市级专家的一致肯定。在上半年黄浦区财政支出绩效评价专项工作中，黄浦区社区学院办学成效得分率高达98%，得到了评估方的肯定。

（二）加强社区（老年）教育课程建设，助推云端慧学

2020年学校积极响应教育部“停课不停学”的号召，积极开展线上学习活动，满足疫情防控期间市民足不出户、居家乐学的学习需求。社区学院先后开发了三大系列数字课程和四门在线直播课程，编制了《“微时代”智能手机——老年人智能技术教育手册》，开展了“居家乐学”3大系列75个在线学习资源展示活动，推送了3大系列75个在线学习资源，新增500课时在线课程。老年大学组建录播讲师团，全年录播推送课程63单元，编写了《黄浦区老年大学课程教学大纲汇编》以及《佛学大义通释》《奇门遁甲通解》《上医松筋术》等教材。同时，依托空中

课堂、老年教育慕课等在线平台，为市民提供丰富多样、可供选择的优质网上教学资源，2020 年度老年慕课黄浦专区老年学员学习人次数达 8 889 人次。

（三）强化师资培育工作，提升社区（老年）教育工作者专业化能力

为积极引领学校教师适应后疫情时代教师队伍新发展需求，区老年大学组织教师参与各类市、区、校级师资培训 16 场。有 206 人次参与培训，内容涉及绘画、书法、舞蹈、越剧、朗诵等多个类别。社区学院组织全区 200 多名社区（老年）专兼职教师，开展线上线下相结合的 12 课时专业化培训。社区学院、老年大学协同组织社区（老年）教育师资参加人文行走等专题培训，累计超过 3 500 人次。

（四）开展社区教育专项活动，彰显黄浦海派特色

学校落实上海市民网上读书、上海社区教育优秀大纲评选、市民终身学习人文行走等系列活动。海派文化体验基地星光嘉年华以“云”上见的形式推出线上直播。海派文化体验基地携手湖心亭体验点及豫园文化商业集团，推出“乐学慧海派星夜云豫见”专场活动。学校还举办“启航红色新征程，扬帆慧学终身行”——2020 年黄浦区全民终身学习活动周开幕式暨“人文行走在黄浦”2020 年主题学习线路启动仪式，在疫情防控常态化背景下，特色活动品牌以更加灵活多样的创新形式与市民相约。

走过 2020 这极不平凡的一年，学校党政将继续带领全校教职

员工，紧密围绕学校中心工作，积极开展各类教育，以饱满的精神面貌、高昂的工作热情，迎接建党100周年，促进学校整体工作再上新的台阶。

植根普陀大地　办好新型高校

——2021 年普陀区业余大学教育质量年度报告

2020 年是“十三五”规划收官之年，也是“十四五”规划谋划之年，更是举国共同战“疫”的不平凡之年。一年来，学校在普陀区委、区政府的关心支持下，在区教育工作党委、教育局的直接领导下，在全体教职工的共同努力下，以习近平新时代中国特色社会主义思想为引领，以“植根普陀大地、办好新型高校、服务全民终身学习”为使命，克服疫情带来的种种影响，围绕立德树人这一核心，全力推进学历教育、职业教育、社区教育、老年教育协同发展，不断提升办学能力、社会服务能力和社会影响力。一年来，学校先后荣获 2020 中国互联网教育“停课不停学”突出贡献院校、2020 年度开大分校办学水平评估优秀等十余项集体荣誉。

一、战疫有为强担当

（一）群策群力，吹响在线教学“集结号”

2020 新学年在抗击新冠肺炎疫情的特殊背景下拉开帷幕。学校遵照教育部、上海市教委、普陀区人民政府的统一决策和部署，一方面制定预案、全面摸排，将疫情防控、确保师生健康安全放在首要位置；一方面精心组织、精准施策，在各个职能领域全面落实

"停课不停学"的相关要求，充分利用在线教学平台，最大限度减少疫情对教育教学工作的影响，最大程度保障教育教学质量。

2020年2月，学校多次在开学前组织召开视频会议，提前谋划，整体布局，研究部署在线教学具体实施方案，为在线教学的顺利开展奠定坚实基础。学历教育部及时调整课程安排，制定线上教学及教务管理实施预案，发布《教师教学工作提示》《告全体同学书》，第一时间使师生明确在线教学部署和要求；信息技术部及时制作发布软件安装和操作指南，提供平台使用实时在线辅导，组织全体教师做好应用测试；发展研究部组织全体教师参加了由上海市教师专业发展工程领导小组办公室组织开展的为期五天的"教师在线能力提升专题培训"，强化教师资源整合与教学方法的创新运用，提高教学课件的网络呈现效果能力；班主任依托班级微信群，以最快的速度发布各项教学通知和公告以及直播软件的安装与使用方法，同时将所有任课教师拉入班级微信群，畅通任课教师与学员的交流渠道，并通过在线开学第一课，将新学期各事项传递给学员，实现精准对接。

（二）因地制宜，落实四教融通"不停学"

学历教育充分利用"互联网+教育"的优势，有序有效地将教学活动覆盖至2 000余名学员。全体教师根据先期开展的线上教学调研结果，细化课程设计，优化呈现方式，嵌入互动环节，完善测评手段，不断探索与优质慕课资源的有效衔接和呼应，掌握适合学员学习特点和学习需求的直播课教学方法；对于学习困难，特别是20多位身处湖北的学员，教师通过添加微信好友等方式，进行一对一有针对性的个别辅导，促成学员有效学习；教师们积极践行课程思政，在直播教学中有机融入疫情主题的内容，让学员更多了解抗疫期间所发生的感人事迹，正确认识国家面对突发疫情所采取的行动，通过鲜活具体的爱国之“人”“事”，激发学员爱国之情。

职业教育在全市同行中率先试水线上培训方式，确保培训服务不停歇。疫情趋向平稳之际，学校非学历教育部主动出击，联系中国（上海）自贸试验区临港新片区管委会，尝试开展年度行政执法线上培训。47 名来自临港新片区的行政执法人员参加了自 4 月 20 日起为期三天的线上培训，实现“停课不停训”。培训期间，非学历教育部遵循“以数据驱动提升培训质量”的工作方略，利用问卷星收集学员意见和需求，及时明确教学改进方向；同时汇总分析调查数据，形成调查报告，从中吸取经验，便于后续其他行政区数百位行政执法人员的同类培训借鉴。

社区教育借助品牌项目“雅韵大讲堂”，以网络直播的形式满足数以万计的社区居民多样化的学习需求。讲座选题涉及饮食、艺术、诗词、网购、家庭教育等主题，内容短小精悍有趣，极大地丰富了社区居民的居家生活。讲座过程中，社区居民与讲师留言互动，积极参与课程讨论。学校还根据社区居民提出的建议，及时进行技术改进和设备调整，使居民获得更好的学习体验。“雅韵大讲堂”直播的开展，不仅提振了社区居民抗“疫”必胜的信心，也为上海城市治理贡献了普陀社区教育工作者的智慧和力量。

老年教育及时为近 5 000 名老年学员提供“长者星空”“空中课堂”等丰富的远程学习资源；根据实际需求与实施条件，部分班级试点开展网上直播教学，教师主动利用班级微信群以及美拍、抖音、全民 K 歌等软件平台，用拍摄视频、录制歌曲、直播讲解等方法，自发在线上为学员答疑解惑；健康养生教师从自身专业的角度，为老年学员普及健康知识，给学员的宅家生活增添乐趣，引导学员保持乐观向上的生活态度，为战“疫”献力。

（三）点面结合，确保质量监控“不放松”

为保障和提高在线学习质量，学校及时完善一站式教学质量监控信息化平台功能，全面构建基于大数据技术的教学质量监控体系，确保对教学过程及所有相关环节中涉及的数据进行采集、汇总统计和分析处理，并实现以可视化图表的形式对统计数据的即时显示。校领导、相关职能部门负责人通过该平台及时了解和掌握各职能领域所开展的线上教学活动的运行状况，达成对教学质量多角度、全方位、多层次的流程监控和过程管理。反馈与决策是整个教学质量监控体系的关键所在，决定了其最终能发挥多大作用。“停课不停学”期间，平台在数据采集分析的同时实现向相关人员的及时反馈，如发现班级出勤率较低、学员网上作业进度偏慢，即刻告知相关班主任，督促学员参与线上学习并及时完成对应作业。

二、教学有序谱新篇

（一）学历教育持续在“精”字上下功夫

1. 思政教育推进成效明显

学校始终聚焦“立德树人”这一根本任务，不断创新思政教育方式。5月中旬教师恢复到校上班伊始，学校立刻从四个方面开展这项工作：一是强化理念引领，引导教师系统研读《高等学校课程思政建设指导纲要》等文件，认真领会各方专家指导点拨；二是关注情景体验，依托教师这一"主力军"，课程建设这一"主战场"，课堂教学这一"主渠道"，引导教师上好政治理论课，积极思考和实践课程思政的元素挖掘、融入路径与方法；三是以赛促教，在组织研习学科课程思政教学指南等指导性材料的基础上，推送多名教师参加开大系统首届课程思政大赛，6 名教师进入决赛并取得较好成绩；四是借助仪式教育、活动教育和社团建设等载体，有效增强学员的爱国情怀、价值担当和责任意识。

2. 专业培养方案日趋优化

疫情后期，学校认真对标教育部《关于高等学历继续教育专业设置管理办法》和上海市教委《高等学历继续教育专业设置管理办法实施细则》等文件精神和具体部署，再次组织各系部对现有设置的 10 个专业的培养方案进行修订，从结构要素到具体内容进行梳理完善：一是充分体现教学模式变化所关联的课程实施方式调整，更好反映线上线下结合的特点与趋势；二是聚焦学科发展动态、社会对于专业技能型人才需求动态、学员自身学业水平和相应专业技能实际状况，在课程模块及对应课程设置等方面，优化组合和配比；三是注重教学内容与区域经济社会发展相适应、与产业发展相衔接、与满足学习者多元化学习需求相契合。

3. 学科专业建设日益深化

学科建设是学历教育建设的关键和核心，直接影响并决定学历教育乃至学校的发展水平。学校注重"自力+借力"，寻求学科建设方面的突破：一是加强自身学科建设，通过课程教学大纲修订和编制、专题教研、课堂实践、跟岗锻炼、高校进修、以老带新、团队组建等抓手，助力教师建设能力和建设效果提升；二是依托开大总校的学科课程建设团队，通过团队研修与联动，强化相关学科建设；三是鼓励教师将自身的学科专业所长延伸至职业教育和社区教育等领域，编撰《上海市行政执法人员法律基础知识》培训教材和《影视鉴赏》等区本社区教育通用教材，有效推动“四教”融合发展。

4. 课堂教学改革持续深入

疫情趋缓后，面对学员对于多元化教学服务需求的提高，对于线上线下全方位教学资源需求的增加，学校积极推进多元化的学习方式和多维度学习空间，助力学员更好释放学习潜力，促成更大程度的有效学习：一是积极引入优质慕课的同时鼓励教师继续利用直播开展线上实时教学；二是优化以认知目标为主的课堂教学活动，支持教师更多地开展疑难点分析、互动交流、实践教学等，提升学员学习体验，切实提高学员技能应用的能力；三是加大校本教学资源建设力度，借助学科教学团队力量，在公共课、专业基础课中尝试开展深度化的课程资源建设，以实现课程资源迭代升级；四是深入开展线上线下融合教学探索，形成直播教学、录播教学、平台自学、面授教学四种学习模式相结合的混合式教学。

5. 教师教学能力有效提升

教师特别是青年教师的专业成长，离不开好的平台的历练。经历疫情，学校更重视用好各类平台，为教师专业成长提供更多机会。年内先后组织教师参加上海开放大学首届课程思政教学赛和上海市第二届女子教育教学赛等竞赛活动。在这些竞赛中，教师取得了较好成绩，学校也连续摘得多项赛事的优秀组织奖。同时，学校积极支持教师指导学员参加相关技能赛事，促进教学相长。学校3位教师指导数位学员先后在全国大学生计算机技能大赛、全国大学生创业仿真决策大赛、上海市大学生创新创业大赛以及国家开放大学首届英语写作大赛中，屡获佳绩，取得历史性突破。

6. 科研质量水平稳步提高

学校坚持教学与科研并重，以教学推进科研、以科研促进教学，发挥科研助力作用：一是新成立发展研究部，其管理职能涵盖学校、教师、学员等发展领域，研究内容辐射学历教育、职业教育、社区教育、老年教育等范畴。二是建立健全科研管理制度，制订科研工作管理办法，建立“四教”科研管理队伍和研究队伍。同时依托已持续开展三十六届的教学与科研年会平台，定期主办、承办、协办或参与各类论坛等举措，开展各类学术交流活动，增强教师的科研意识，营造浓郁的科研氛围。值得一提的是，年内举行的第三十六届教学与科研年会及平行论坛，是学校年会历史上首次以主论坛+学历教育、职业教育、社区教育和老年教育四个分论坛的方式来召开。三是积极参与校内外各类课题研究和市、区等多层面的学术交流，承担中成协、市教委终身教育处、市教育评估院、市开放大学等数十项课题，教师全年累计在各类报刊杂志发表论文数十篇。

（二）职业教育持续在“强”字上做文章

学校职业教育板块竭力克服疫情带来的不利影响，聚焦服务区域经济社会，推进自身提质发展：一是坚持以“聚焦四服务、深化五融合、打造八基地”为抓手，切实加强与政府部门、企事业单位、社区里弄、园区校区、社团组织和特殊人群等多方合作，进一步构建从提供短期培训到提供系统方案、从依靠经验支持到依靠数据驱动、从简单整合到定制开发、从关注个人能力到支撑学校发展、从提供理论培训到支持实践学习的职业教育发展新模式。不断夯实常规培训、拓展公益培训、打造特色培训，赋能会计、档案、行政执法、托幼服务、家庭教育、技能和学力提升，全面助力从业人员和管理人员以及残障人士成长发展，有效地推进职业教育逆势壮大。二是积极推进新的培训基地和项目建设，于年内新设了上海家长学校普陀分校，并取得良好的开端。三是探索职业培训的教学方式变革，充分借助线上线下一体化方式，使社工岗位培训、行政执法人员培训、档案人员培训等保持高位发展的同时取得质效上的提升。《“四服务五融合八基地”构筑高校非学历教育新天地》入选“中国高校继续教育优秀成果及特色案例”，“社工成长历练”培训服务项目获评上海市 2020 年终身学习品牌项目。四是承办重大活动和考试工作，担当职责的同时有效扩大了学校的社会影响。作为上海家长学校普陀分校，成功举办“家校合作、共育新人”上海家长学校普陀论坛、“好习惯成就好人生”为主题的家长学校在线课堂普陀专场等，传播育人理念，弘扬家庭家教家风建设。同时，努力克服疫情影响，细化防疫方案，组织完成多项由政府部门和教育系统委托的各类考试。五是注重利用区职教联盟平台，共享优质教育资源，拓展教育服务领域。依托公共行政管理、信息工程、工商管理等专业系部的师资及资源优势，精心设计区中学生职业体验活动等各类培训课程，使培训学员学有所获。六是强化培训规范建设。组织教师参加《非学历在线培训相关政策和未来发展趋势》线上培训和市开大系统非学历教育教师线下培训等专项培训，并配套完善培训管理制度，提高培训质量与水平，力求达到以精到专的教育服务水平，赢得发展。

（三）社区教育持续在“大”字上求突破

疫情之下，学校不畏艰难，全力推进社区教育做大：一是注重社区教育课程开发，多渠道建设优质课程资源。全年共计 7 本社区教育通用教材正式出版，27 门课程入选上海终身教育学分银行，开发精品微课程 6 个，网络微课资源 18 个，社区教育讲师团微课作品 15 个。二是积极参与各级各类平台的专题展评活动，扩大影响。在全国 NERC 杯微课比赛中，2 个作品获一等奖，3 个作品获二等奖，13 个作品获其他等第奖；在长三角地区社区教育微课评选活动中，3 个作品分获二等、三等和优秀奖；在上海社区教育优秀微课评选中，荣获 3 个一等奖及 8 个不同等第奖，学校获优秀组织奖。三是强化成果辐射，多平台开展教育示范活动。学校承办的“‘疫’起‘悦’读‘愈’见美好”2020 年普陀区市民读书节活动，得到了广大市民的热情响应，网上读书、“好书推荐”、“悦书房”线上读书分享会、“众志成城 抗击疫情”主题作品征集、主题海报设计大赛等，参与人数约达 9 000 人，合计征集到作品约 1 200 件，其中“致敬，在阅读的您”第 10 届上海社区网上读书活动中，参与人数高达到 6 195 人；出色完成以“全民尚学 幸福人生”为主题的第十六届普陀区全民终身学习活动周开幕式组织工作，并选送 658 件作品参加市活动周各项赛事，获得一等奖 2 个，二等奖 9 个，三等奖 5 个和优胜奖多个，两个项目获得上海市终身学习品牌项目称号；持续推进普陀社区教育报、社区教育网、社区教育网刊等五大社区教育成果展示平台建设，30幅作品入选市社区教育助力乡村振兴创新创意展示活动。四是注重教学实践，多途径推进业务指导工作。学校积极开展社区教育教研基地建设，推动钢琴、摄影、英语、书法四个基地正常运作；开展社区学校专题视导，确保全覆盖；推动社区教育讲师团项目，建立协作组，提升讲座质量；加强与外省市同行交流，接待了教育部社区教育研培中心、福建省全民终身教育促进会，以及北京、宁波、嘉兴、芜湖、苏州等地同行来访；继续以国家级终身学习品牌项目“普陀雅韵”大讲堂的建设为载体，以品牌打造为引领推进教师转型发展，组织社区教育讲师团讲师开展在线直播讲座，全年共有20讲实现了网络直播。五是注重理论研究，多层面促进实验项目研究。学校有5个市社区教育实验项目验收通过，其中《成人高校转型发展背景下社区教育讲师团建设的实验》获市级示范项目；加强市社区教育实验项目的管理，通过召开年度市社区教育一般实验项目专家论证会、市实验项目的中期评估、以及申报2021年度上海市社区教育实验项目的组织动员工作等路径，有效推进社区教育实验工作。

（四）老年教育持续在“深”字上见实效

鉴于疫情，2020年全年老年教育未开展线下课程教学。对此，学校顺势而为，坚持适需适变原则，积极探索别样的“打开”方式。一是着力做好网课管理工作，提高管理水平，保证线上教学质量。春季学期，共有14位教师在17个班级开展了网络直播教学。为更好地服务师生，学校老年教育部全员参与，进入所有开展直播教学的班级群，协助任课教师辅导学员安装教学软件、进行学前测试，前期教学过程也是全程参与，及时化解上课过程中出现的各种情况。秋季学期，学校加大线上课程资源的建设力度，丰富教学形式，拓展老年学员的学习路径。除专职教师外，还邀请部分兼职教师参与到“悦学”直播课堂的录制之中，先后完成9门课程总计156课时的录制工作。二是编订教学大纲、力推校本教材。全年完成15类61门课程教学大纲的梳理工作，形成完善的教学大纲体系。在此基础上，推荐5门课程参与申报上海老年教育大纲汇编，其中2门课程被评为上海市优秀教学大纲。推荐《工笔画基础（花卉篇）》《化腐朽为神奇——手机废片变大片拯救技巧》《宋词品诵》等三本教材参与校本教材出版工作，经专家评审全部得以出版。三是组织慕课班级，搭建展示平台。全年共组建16个慕课班级，共有900人次参加学习。为鼓励老年学员宅家学习，学校提供一切可能的机会为他们展示学习成果，先后组织书画、摄影、朗诵班学员参加上海老年大学教育联盟“九九重阳”云展示活动、上海老年教育素质中心的“最美老年学员”展示活动、上海市民诗歌节颁奖晚会演出活动、上海老年教育学员扇面画作品网上展示活动、普陀终身学习活动周开幕式和曹杨社区教育发展联盟专场演出等。非常欣喜的是，朗诵班学员在这些展示演出活动中得到了锻炼和成长，已完全具备了成立学习团队的条件。

三、结束语

2021年是“十四五”规划起步之年，也是中国共产党建党100周年，学校将继续坚持以习近平新时代中国特色社会主义思想为引领，全面贯彻落实十九大和十九届系列全会精神，全力推进学校战略转型，开创“十四五”学校发展新局面，努力在更高水平上服务普陀全民终身学习现代教育体系和学习型城区建设。学校将以落实“十四五”发展规划为主线，坚持立德树人，深入推进师德建设，全面深化教育教学改革，努力创设载体与平台，更好激发教师队伍创新活力，赋能强才，全力培育中坚力量，为推动转型发展积聚能量。学校也将不断借势借力借智，积极完善利于学校转型的发展环境，赢得更为广阔的发展空间。

服务人民坚持立德树人
化危为机促进融合发展

——2021 年静安区业余大学教育质量年度报告

上海市静安区业余大学集上海开放大学静安分校、静安区继续教育中心、静安社区学院、静安区老年大学、上海市学分银行静安分行和静安区终身教育研究所为一体，承担着静安区高等学历继续教育、非学历教育和市民终身学习指导的教育教学业务，2020 年，静安区业余大学以习近平新时代中国特色社会主义思想为指导，坚持“立德树人”的办学宗旨，深入践行“人民城市人民建，人民城市为人民”重要理念，全面落实《中国教育现代化 2035》《上海市城市总体规划（2017—2035）》《上海教育现代化 2035》要求，以社会主义核心价值观为引领、以学习者为中心，锚定“办好让人民满意的终身教育”总体目标，打造静安特色的终身教育品牌，有效提升了学校在区域终身教育发展中的地位。

2020 年度，学校在提升教学质量方面的工作主线为：坚守教育初心，凝聚人心抗疫；总结“十三五”经验，创新学术文化；系统实施混合式教学改革的研究与实践，大规模、成建制地在各类办学模块中开展在线教育教学；终身教育研究成为学校办学事业内涵融合的重要驱动力，开始面向长三角地区拓展。总体而言，2020 年，学校教育教学质量再上新台阶，品牌效应和社会声誉达到一个新高度。截至 2020 年 9 月 1 日，学校成人大专学生达 1 040 人，开放教育学生达655人，参与非学历教育学员达3 092人次，参与社区教育线上学习的学员28 250人次，参与老年教育线上教学活动的学员达14 066人次。

一、抓好学习明确方向，凝聚人心迎难而上

新冠肺炎疫情突发之后，学校党总支和校长室及时认识到：必须准确、到位地领会和执行党中央和各级政府的抗疫指示精神，尽力保障教育教学工作的有效运行。因此，“凝聚人心”成为保证教学质量的头等大事。

一是中心组率先学习研讨，当好抗疫背景下学校干群的主心骨。二是党总支加强与民主党派的沟通，统筹指导工会、团支部、各行政部门，统一认识，调动一切积极因素。三是党支部围绕主题、紧贴学校实际，组织党员交流学习体会，明晰党员责任，发挥党员教师的带头作用。

（一）学理论保证政治方向

学校把深入学习贯彻习近平新时代中国特色社会主义思想作为重大政治任务，巩固和深化主题教育成果。通过主题党日活动、形势任务辅导报告、线上专题学习与讨论、“学习强国”积分竞赛、学生社团活动等形式，组织广大教职员工与学员学习习近平总书记在党的十九届五中全会上所作工作报告、习近平总书记关于抗击新冠疫情一系列指示和习近平总书记在学校思想政治理论课教师座谈会上重要讲话精神。

通过学习，明确我国社会发展的历史方位，了解新冠疫情引

发的国际形势变迁及其对我国发展带来的机遇与挑战。坚定了在习近平新时代中国特色社会主义思想的指导下，保证学校正确的政治方向，坚定推进终身教育事业高质量新发展的决心。

（二）学“四史”明晰教育初心

学校以“四史”学习为思想政治教育主线，认真制定方案，做到教职员工全覆盖、全知晓、全学习：开展党组织书记、委员、党员集中培训和集中学习，共组织 13 次学习活动，全年总支书记讲党课 5 次，开展中心组学习 12 次，党支部组织生活 11 次；邀请上海市“四史”专家宣讲团成员作专题报告；组织全校教师探访城市最佳实践区、临港新片区。学校的“上海市立实验民众学校旧址”及“庆棠楼”入选了“学‘四史’·爱静安·乐成长”静安区中小学生学习“四史”主题教育活动。

（三）学政策保障教学秩序

学校及时组织党员干部和教职员工认真落实市委、市政府、市教委、静安区教育局关于抗疫工作的重要部署；严格“六大纪律”，严格执行出国（境）审批和外出报告登记等制度；开展“抗疫情 学四史 立师德”师德师风建设主题月系列活动；组织教职员工学习《关于加强和改进新时代师德师风建设的意见》《新时代高校教师职业行为十项准则》。学校还注重发挥学生团队的传播作用，通过学习积极分子、学习小组等传播党和国家的重大部署，解读学校的应对措施，促进广大学员理解和配合学校的管理制度、积极参与学校的教改创新，保证了各种情况下的持续学习。

二、聚焦发展共议规划，文明创优树立标杆

学校以总结“十三五”工作成果为抓手，以继续争创上海市文明单位为目标，开展团队学习，酝酿共同愿景，确立 2020 年度的工作标杆。

（一）以总结讨论促学习思考

学校成立“十三五”工作总结领导小组、“十四五”规划制定领导小组、“十四五”规划课题组。通过行政部门例会、课题研讨会、群众座谈会、成果展览会等形式，开展对“十三五”工作总结、“十四五”规划的研讨。这些活动不仅使全体教职工认识到学校五年来的发展轨迹和取得的成果，也激发全体教职员工理性思考未来如何开拓创新，再铸辉煌。

（二）以市优标准创工作标杆

学校以在 2019 年第八次获得上海市文明单位称号为新起点，开展新一轮市级文明单位创建，并把创建标准成为我校各项工作的总指南。在党总支领导下，各行政部门通力合作，营造创建氛围，坚持高起点谋划、高标准工作。学校以在各办学领域获得的市级、国家级奖项作为起点，按照各类工作标准的最高值推进文明创建工作高质量开展。疫情暴发后，各行政部门在线上开展每月一次的学习型科室活动，以年度工作计划、“十三五”总结、

抗疫形势下的管理服务等为主题，保证工作不脱节，力争业务有创新。学校开展教学质量月活动，各专业教研组紧紧围绕线上教学、课程思政开展理论研讨、经验交流、说课评课。

三、群体反思争创精品，建章立制勇攀高峰

学校长期坚持混合式教学导向，制作了大量实用的线上教学资源。2018 年组织全体教师开展大讨论，强化混合式教学的理论研究，2019 年出版了《静安区终身教育混合式教学理论与实践研究》教师论文集。充足的实践基础和普遍的理论准备，使得学校教师在疫情初期就能够顺利地开展线上教学。

（一）以教学反思催生精品资源

多年来，学校推行混合式教学的实践与研究，并组织教师开展教学反思活动。2020 年 2 月中旬，组织教师观看学习上海教育电视台播放的线上教学技术系列讲座；在 4 月份的“教学质量月”中提出了“面向教育现代化，打造混合式教学精品课”的目标，组织专业组和行政部门开展线上教学的专题研讨。基于教学反思，专业组、行政部门和教师共提交了高质量的研讨材料 96 件。各办学部门基于教师的研究成果，按照“实用、高效”的标准，组织线上教学资源的建设，学历教育在年终评出校内教学资源优秀成果 12 项，非学历教育通过强化服务来为教学锦上添花，社区教育组织学员线上参加学习竞赛获得市级奖项 14 人次，老年教育课件资源和教学设计资源获得市级以上奖项 11 个。

（二）以建章立制重构质量标准

2020年2月份，学校制定了《上海市静安区业余大学2020春学期教学实施方案》和《上海市静安区业余大学网上教学资源建设规定》；上海开大静安分校先后制定了《上海开放大学静安分校全线上教学工作方案》《疫情防控复课工作方案》《上海开放大学静安分校在线教学规范》。学校在每一阶段，都根据疫情防控实际，明确规定了课程实施网上教学的要求，并对线上教学资源的制定、线上直播教学的实施以及授课计划的调整进行了具体的安排。根据这些规定，学校对教务管理和信息技术平台进行了针对性的设计，从开学仪式、入学教育到线上考试、成绩合成，都建立了严密的操作流程。学校还按照线上线下一体化的相关原则，修订了学历教育的教学过程评价指标体系。其他办学类型也根据具体情况制定了相应的质量保障标准。

（三）以学术文化丰富质量内涵

学校历来重视以教育研究带动教学创新，以努力塑造学术文化作为学校的办学特色。学校创新“初心讲堂”，拓展党员教师学习视野，开展学习成果交流。“管理创新工作坊”推动教学科研部、社区教育工作部、老年教学工作部形成终身教育“共同体”，形成浓郁的理论学习、讨论、交流氛围。2020年，学校基于2018年的教学大讨论成果和2019年的教师论文集，聚焦“直播教学”，开展理论研究和实践创新，有效地应对了疫情下的教学新需求。

静安区终身教育研究所与上海终身教育研究院、上海市老年教育课程研究与评估指导中心联合举办“直播教学推进终身教育实践研究”专题研讨会，形成一定的共识。静安区终身教育研究所还深入社区，指导社区学校教师以教育教学理论总结抗疫形势下的教学创新经验，撰写具有学术水平的研究论文，编纂《抗疫中的市民学习新模式》成果册。静安社区学院成功举办上海社区教育课程联合教研室（生命教育专题）成立大会，面向全市成功组建首批24名教研员队伍，组织教师开展专题研究，4篇论文获市级以上奖项。

四、实践教学赋能师生，课程思政扩容素养

（一）针对性设计实践教学项目

学校在三个方面继续探索实践教学的创新：一是中医养生保健实训室基本建成，不仅满足教学需要，还面向社区开展市民体验活动。二是物业管理专业的消防实训室于2020年重建，在2021年投入使用。三是行政实务实训由“软件+设备”合并为拥有知识产权的线上仿真实训系统，原行政实务实训室改建为智慧教室，满足多学科教学使用。

学校长期组织师生举办专业技能竞赛、参加市级以上教学竞赛。2020年12月，我校举办第三届“庆棠杯”创业技能大赛，中医、绘画、人物形象三个专业的学生设计专业作品，竞相呈现学校办学特色；学校组织师生参加上海市第八届“中华杯”职业技能竞赛；上海开大静安分校组织师生参加了第五届上海开放大学学生决策仿真实践大赛、上海市第七届暨全国第四届大学生创

业决策仿真大赛、上海开放大学学生创新创业大赛、上海开放大学第一届课程思政大赛。在这些活动中，学生和指导教师均获良好成绩。

（二）多途径提升课堂教学水平

学校针对青年教师群体占教职工总数一半以上的现实，利用疫情倒逼教学改革的形势，通过多种路径提升教师的课堂教学水平：一是抓基础培训。学历教育以线上线下组合的形式，按计划完成对2019年入职的见习教师的带教与专题培训，对职初教师的教学技能专题交流。静安社区学院、静安区老年大学多次组织教师开展在线研讨，并举办系统内面向全区的社区学校、老年学校的在线教学师资培训，提升教师信息技术能力。二是通过教学竞赛促进课堂教学技能。2020年，学校按照上海市高校青年教师课堂教学竞赛的标准，组织本校青年教师教学竞赛，从7月份动员启动到11月份总结交流，历经专题培训、专业组教研、两轮实战观摩、专家点评、教学反思等环节，扎实地锤炼了青年教师的教学基本功。

（三）全方位推进课程思政建设

学校的"课程思政"实践与研究起步于2017年，现已成为学校在上海开大分校系统和上海市区办高校系统中的特色品牌，现已从学历教育向终身教育延展并取得突出成绩：学校课程思政建设紧扣"课程思政"的"三全"属性，聚焦终身学习，探索成人教育课程思政的有效途径；学校课程思政建设的成果结晶《成人高校课程思政的实践研究》正式出版发行；国家课题的子课题“课程思政促进师生终身学习协同发展的研究”高质量结题；青年教师认真学习习近平总书记《思政课是落实立德树人根本任务的关键课程》重要文章，增强了立德树人的责任心。在上海开放大学举办的第一届课程思政教学大赛中，11 位教师斩获佳绩，荣获 2 个一等奖，1 个二等奖，1 个三等奖，学校获组织奖。

五、开拓前进取得成效，融合发展全面进步

2020 年，上海市政府授予我校“2019—2020 年度（第二十届）上海市文明单位”称号，这是我校第九次获此殊荣。上海开放大学静安分校荣获上海开放大学“2020 年度教学管理工作先进集体”“信息化与数字资源建设工作先进集体”“非学历培训工作先进集体”“服务学习型社会建设工作先进集体”等称号；静安社区学院获评“2020 年度上海社区教育优秀志愿服务工作站”；“高校青年学生参与静安社区治理服务的志愿行动”获“2020 年上海社区教育志愿者服务品牌培育项目”；静安社区学院荣获第三批全国老年远程教育示范区指导单位称号；学校工会“书友汇”获评 2020 年度静安区五星级“职工书屋”；静安区终身教育研究所获“上海市静安区第一届教育科研先进集体”荣誉。

学校举行研讨会、论坛，开展科学研究，在 2020 年取得了重要成果：静安区终身教育研究所组织召开“市民阅读促进学习型城区建设——长三角地区全民阅读可持续发展研讨会”，取得较好的反响；上海市终身教育研究会承接市教委“市民终身学习监测”重大研究项目，静安区终身教育研究所被授予“市民学习监测分研究中心”；学校 2 位教师受聘上海开放大学研究院的研究

员岗位。

学校在2020年度发表、出版、编印的论文、专著、教材介绍：教师在《求索》第十八期上发表论文14篇，省级期刊发表论文8篇；出版教师研究论文集《成人高校课程思政的实践研究》（西南科技大学出版社），全书20万字，分为“综合研究”“专业建设研究”“教学实践研究”三个专栏。

学校师资队伍建设在2020年度的突出人物和事例：在上海市成人教育协会开展的“2019—2020年度上海市成人高校优秀教师、优秀管理工作者和优秀班主任”评选活动中，1位教师获上海市成人高校“优秀教师”称号，1位教师获上海市成人高校“优秀管理工作者”称号，2位教师获上海市成人高校“优秀班主任”称号。

学校培养优秀毕业生在2020年度的突出人物和事例：3名学生获上海市成人教育协会“2019—2020年度上海市成人高校优秀学员”荣誉；2名学生获上海开放大学“优秀毕业生”荣誉；1名学生获上海开放大学建校60周年杰出校友荣誉。

2020年，学校全体教职员工在党总支、校长室的领导下，团结协作，抗击疫情，以追求卓越的精神打造终身教育质量体系，创建静安教育的精品特色，为“十三五”划上了圆满的句号。2021年，静安业大人将扬帆启航，为“十四五”谋好篇、开好局、起好步，为构建方式更加灵活、资源更加丰富、学习更加便捷的终身学习体系，建设“人人皆学、处处能学、时时可学”的学习型社会而继续奋斗。